Richard Lakowski

Kaiserliche Marine geheim
1871–1918

Richard Lakowski

Kaiserliche Marine geheim 1871–1918

Mit 230 bisher unveröffentlichten Dokumenten aus den Akten des Amtes Kriegsschiffbau

Brandenburgisches Verlagshaus

Foto- und Quellenbeleg:
Alle Fotos und Reproduktionen sind dem Bundesarchiv –
Militärisches Zwischenarchiv Potsdam entnommen.
Benutzt wurden ausschließlich die Akten
des Bestandes Hauptamt Kriegsschiffbau.

Reproduktionsfotograf: Jean Molitor

Lakowski, Richard: Kaiserliche Marine geheim: 1871–1918.
Mit 230 bisher unveröffentlichten Dokumenten aus den Akten des Amtes Kriegsschiffbau: von Richard Lakowski. –
1. Auflage – Berlin: Brandenburgisches Verlagshaus, 1993. –
216 S., 230 Abb.

ISBN 3-89488-046-5

2. Auflage 1998
Gesamtgestaltung: Günter Hennersdorf
Printed in Germany
Druck und buchbinderische Verarbeitung: Offizin Andersen Nexö Leipzig

gedruckt in leipzig

Gedruckt auf alterungsbeständigem Papier mit chlorfrei gebleichtem Zellstoff

Inhalt

Vorwort

In der nunmehr hundertfünfzigjährigen wechselvollen Geschichte deutscher Flotten weckt die Kaiserliche Marine das Interesse der Nachwelt im besonderen Maße. Eng verknüpft mit der Entwicklung des deutschen Nationalstaates, dessen maritimes Machtinstrument sie war, entstand sie in einer Periode tiefgreifender Umwälzungen im Seewesen. War sie mit ihren Anfängen noch der Zeit Nelsons, den Seekriegen des 18. Jahrhunderts verhaftet, so stand sie bei ihrem Ende mitten in dem Prozeß der Herausbildung des modernen Seekrieges und seiner Waffen. Hielt der Dampf gerade seinen Einzug in die Flotten, als die Preußische Marine, die direkte Vorläuferin der Kaiserlichen, die ersten Seemeilen zurücklegte, so waren es 1918 U-Boote, Flugzeuge und Luftschiffe, die dem Seekrieg völlig neue Dimensionen erschlossen. Die Natur-, technischen und mathematischen Wissenschaften und ihre Anwendung in der Ingenieurskunst bestimmten mehr und mehr den Kriegsschiffbau und die Waffen zur See. An Stelle der prächtigen Segelkriegsschiffe mit ihren Segelpyramiden und hunderten Metern stehenden und laufenden Gutes, der hölzernen Schiffe mit den Männern aus Eisen waren eiserne Schiffe getreten mit kohlebefeuertem Antrieb, die Geschütztürme mit zentraler Feuerleitung trugen, Schiffe die durch drahtlosen Funk untereinander sowie mit dem Land in Kontakt treten konnten. Neue Waffen wie das Torpedo und die Seemine kamen zum Einsatz, die Artillerie und ihre Schießverfahren waren mit denen der Segellinienschiffe nicht mehr zu vergleichen. Jahrhundertealte Erfahrungen verloren an Wert und mußten durch Neues ersetzt werden, das im größten Maßstabe erstmals im Ersten Weltkrieg durch die Prüfung des Krieges ging.

Nie wieder spielte eine deutsche Marine eine derart bedeutende Rolle in Politik und Gesellschaft wie die des Kaiserreiches. Geradezu aus dem Nichts entwikkelte sie sich zur zweitstärksten Flotte der Welt. Ihre Kreuzer durchpflügten die Meere des Erdballs, die Geschwader der Hochseeflotte bereiteten sich in den heimischen Gewässern der Nordsee auf die «Schlacht» vor. Noch heute modern anmutende Öffentlichkeitsarbeit des Staatssekretärs des Reichsmarineamtes, des späteren Großadmirals von Tirpitz, sorgte für die Popularisierung alles Maritimen. Marineblau wurde Mode, Reisen an die See ebenso wie Seeromane und Seereisen. Eine Hoch-Zeit für die Seefahrt, deren vor allem romantische Seite in der Überlieferung der Deutschen bis heute nachwirkt.

In der vorliegenden Dokumentation werden – analog zu der über die U-Boote sowie über die Reichs- und Kriegsmarine – an Hand von Unterlagen aus dem Hauptamt Kriegsschiffbau bisher wenig bekannte Ansichten der Kaiserlichen Marine gezeigt. Das Bild ist weder lückenlos, noch kann es als abgeschlossen gelten. Es erhält, wie schon die beiden vorhergehenden Bände, seinen besonderen Reiz durch die Originalität der Werftfotos und des übrigen Materials.

Beim Hauptamt Kriegsschiffbau waren angesiedelt: Entwerfen, Auftragserteilung an die Werften, Kontrolle der Bauausführung einschließlich der Bauaufsicht und Abnahme. Diese Dienststelle der Reichs- bzw. der Kriegsmarine hatte ihren Sitz im Berliner

Shell-Haus am Tirpitzufer in der Nähe des Dienststellenkomplexes Bendlerstraße. Bei ihr wurden auch die Unterlagen der Konstruktionsabteilung des Reichsmarineamtes der Kaiserlichen Marine aufbewahrt. Vom letzten Chef des Amtes, Admiral Ruge, wissen wir, daß «die neueren Akten» vernichtet wurden, als die Rote Armee sich der Reichshauptstadt näherte. Seit Kriegsende galt der für die deutsche Marinegeschichte bedeutsame Fundus der Akten des Amtes Kriegsschiffbau, in dem sich auch die Unterlagen aus den Vorläufern dieser Behörde befanden, als verschollen. Überraschend erhielt 1989 das damalige Militärarchiv der DDR aus der UdSSR die erhalten gebliebenen Bestände zurück. Dank der verdienstvollen Arbeit der Potsdamer Archivare konnten sie in kürzester Zeit der wissenschaftlichen Nutzung zugänglich gemacht werden.

Die Unterlagen erwiesen sich als wichtige historiografische Quelle der deutschen Militär- und Marinegeschichte, insbesondere vom Aspekt der Technikgeschichte. Bei eingehenderer Arbeit mit dem Bestand, der von 1945 bis 1989 in der Nähe von Sankt Petersburg (damals Leningrad) eingelagert war, wurde augenfällig, daß die zentralen Unterlagen des Amtchefs fehlten, dagegen sehr viele Unterlagen aus den Konstruktionsabteilungen, technische Dokumentationen und nicht zuletzt Werftfotos, die bis in die Jahre der Kaiserlichen Marine zurückreichen, überliefert sind. Vielleicht wird eines Tages das fehlende Material in den bei Moskau gelegenen zentralen Archiven aufgefunden und zugänglich.

Die Veröffentlichung des Materials – sie umfaßt auch bei der Kaiserlichen Marine nur einen kleinen Teil – fügt bekannten Fakten neue Details hinzu und vermittelt dem Leser einen Eindruck von der Flotte des Kaiserreiches, wie es nur Originalunterlagen können. Daß die entsprechenden sowjetischen Dienststellen nach dem Mai 1945 auch Konstruktionen der Marine des Kaisers bei der Auswertung berücksichtigten, zeigt, welches Interesse in der damaligen UdSSR selbst den zurückliegenden Erfahrungen und Kenntnissen des Gegners beigemessen wurde.

Der Autor dankt der Leitung und den Mitarbeitern des Bundesarchivs – Militärisches Zwischenarchiv Potsdam für die Unterstützung. Sein Dank gilt vor allem dem Brandenburgischen Verlagshaus, dessen Interesse und Hilfe die Entstehung und Herausgabe auch dieses Bandes erst ermöglichten.

Richard Lakowski

Von der Preußischen zur Kaiserlichen Marine

Eine Marine wird errichtet

Völlig in dem Stil der Zeit schrieb der damalige Corvettenkapitän und spätere Admiral Reinhold Werner in seinem verbreiteten Buch von der «Norddeutschen Flotte» 1869 folgendes über die Entwicklung der Preußischen Marine, die seit dem 1. Oktober 1867 zur Norddeutschen Bundesmarine geworden war: «Als das helle Auge des großen Kurfürsten erlosch, nahm auch der rothe Aar trauernd seinen Flug vom Meer zurück zur Felsenburg. ... Der Donner von Sadowa hat die letzten Raben verscheucht und der alte Kaiser Barbarossa darf sein müdes Haupt zur ewigen Ruhe betten. Er hat endlich einen würdigen Erben gefunden, unter dem das deutsche Reich stark und mächtig erblühen wird, wie einst.

Der Adler hat den Felsenhorst verlassen und schwebt wieder über der blauen Tiefe, um den fremden Völkern Kunde zu geben, daß ein neues Deutschland erstanden ist.»

Daß die Realität weit weniger emphatisch war, tat der Wirkung derartiger Prosa offensichtlich keinen Abbruch. Vizeadmiral Hopmann jedenfalls hatte, wie aus seinen Erinnerungen hervorgeht, das Buch «verschlungen» und ist dann eines Morgens mit dem festen Entschluß aufgewacht: «Du gehst zur Marine!» Das war aber bereits im Jahre 1884, die Anfänge der deutschen Flotte waren weniger verlockend für eine berufliche Karriere.

Im Verlaufe der Geschichte hatte es immer wieder deutsche Marinen gegeben, die jedoch stets unter der Flagge eines der Territorialstaaten des Heiligen Römischen Reiches bzw. des Deutschen Bundes fuhren. So gehören die Koggen der Hanse, die wenigen bewaffneten Schiffe Hamburgs, Bremens und Lübecks, Brandenburgs Flotte unter dem Kurfürsten Friedrich Wilhelm, die Schiffe unter dem Doppeladler im Mittelmeer sowie die Flottille Friedrich des Großen an der Ostsee zur deutschen Marinegeschichte, ohne das es im eigentlichen Sinne eine Deutsche Marine gegeben hätte.

Im Verlaufe der ersten Hälfte des 19. Jahrhunderts begannen mit der sich verstärkenden Tendenz zur Herausbildung von Nationalstaaten in Europa und der zunehmend schneller werdenden Industrialisierung des Kontinents im Deutschen Bund Strömungen an die Oberfläche zu treten, die auf den Aufbau einer Flotte gerichtet waren. Es überlagerten und überschnitten sich hierbei die Interessen der Mitgliedstaaten des Bundes mit den Bemühungen von Personen und Gruppen auf dem Bundesgebiet, die deutsche Einheit zu verwirklichen und in diesem Zusammenhang eine Flotte zu gründen. Diese unterschiedlichen Interessenlagen widerspiegelten das tatsächliche Geschehen der Jahrzehnte vor der Reichseinigung im Jahre 1871.

Im Süden begann Österreich an den im habsburgischen Besitz befindlichen Küstenstrichen Italiens und Jugoslawiens eigene Flottenkräfte zu errichten. Zunächst auf die venezianische, nach 1848 verstärkt auf die südslawische Seeschiffahrt gestützt, begann der österreichische Teilstaat des Deutschen Bundes eine Marine aufzubauen.

Im Norden handelte der zweite große deutsche

Teilstaat, Preußen, ähnlich. Zögernd, da traditionell besonders auf das Heer fixiert, begann in Preußen der Aufbau einer Marine. Sie zählte zunächst nur wenige Fahrzeuge. Doch wurde 1817 in Danzig eine Navigationsschule gegründet, 1827 auf dem Dänholm bei Stralsund die erste Marinewerft errichtet.

Mit dem Konflikt zwischen dem Deutschen Bund und Dänemark um die Herzogtümer Schleswig und Holstein sowie mit der Revolution des Jahres 1848 entstanden die bekannten Bestrebungen zur sofortigen Gründung einer Deutschen Flotte. Ihre Geschichte, der von weiten Schichten des Volkes getragene Aufbau und ihr Ende sind weitgehend bekannt. Ihr Schicksal war mit dem der Revolution verknüpft, deren Scheitern schließlich auch das Ende für die erste Deutsche Marine brachte.

Das Ende der 48er Flotte verdeutlicht, daß über den Aufbau der Deutschen Marine, deren Entstehung dem Zeitgeist entsprach, letztlich die Art und Weise der Reichseinigung entscheiden würde. Der Ausgang der politischen und militärischen Konflikte jener Jahre hatte zum Ergebnis, daß das Reich unter Führung Preußens bei Ausschluß Österreichs geeinigt wurde. Für die Marineentwicklung bedeutete dies, ihre Genesis vollzog sich hauptsächlich als die der preußischen, seit 1866 der Flotte des Norddeutschen Bundes, um mit dem Jahre 1871 die der Kaiserlichen Marine zu werden. Es war nicht die Flotte, die den Weg zur Einheit des Reiches geebnet hatte, wie der eine oder andere Enthusiast geglaubt hatte, sondern die auf dem genannten Wege erfolgte Reichseinigung schuf die Bedingungen für die Marinepolitik der Jahrhundertwende. Noch 1852 konnte ein Berliner Bekannter, den der damals junge Fontane in London traf, mit dem bereits zu dieser Zeit berüchtigten Witz der Bürger dieser Stadt folgenden Dialog führen: «Er: ‹Meine Herrn, zum Abschied: Wie schützt man sich am besten gegen Seekrankheit?› Ich: ‹Nun?› Er: ‹Man nimmt Dienste auf der deutschen Flotte.›» (Th. Fontane, Wanderungen durch England und Schottland, 1. Bd., Berlin 1979, S. 114).

Eine Generation später wäre dies nicht sehr zu empfehlen gewesen. Doch am Anfang standen mehr Worte als reale Entwicklungen, und das macht die bissige Bemerkung des Berliner Weinagenten in London deutlich. Wie alle Veränderungen auf dem Gebiet des Deutschen Bundes war die Gründung einer Marine keine nur deutsche Angelegenheit, da der Zusammenhang mit der Herstellung eines einheitlichen deutschen Staates das seit dem Wiener Kongreß in Europa festgeschriebene Kräftegleichgewicht zerstören mußte. Sichtbar war die zwiespältige Haltung des Auslandes zur deutschen Flaggenfrage, als die von der Nationalversammlung eingeführte schwarzrotgoldene Flagge für die deutschen Kriegsschiffe von kaum einem der Staaten anerkannt wurde. Weniger problematisch erschien zunächst die geringe industrielle Basis für den Bau und die Erhaltung deutscher Kriegsschiffe, da die leistungsstarken Werften in England und Frankreich einer gewinnbringenden Entwicklungshilfe nicht abgeneigt waren. Immerhin hatte der als Marinefachmann geltende, zum Vorsitzenden der Technischen Marinekommission im Reichshandelsministerium, dem die zu gründende Marine unterstellt wurde, berufene Prinz Adalbert von Preußen in einer «Denkschrift über die Bildung einer deutschen Kriegsflotte», erschienen in Potsdam 1848, beachtenswerte Vorschläge gemacht.

Adalbert artikulierte die Stimmung der Zeit mit den Worten:

«Die gesamte Nation begehrt daher einstimmig eine deutsche Kriegsmarine; denn deutsch, ganz deutsch muß sie sein – eine ächte Repräsentantin der wiedergeborenen Einheit des Vaterlandes – das fühlt wohl ein jeder von uns ... Weniger Übereinstimmung der Ansichten dürften wir dagegen antreffen, wo es sich um auf die Seemacht zu verwendenden Geldmittel und um die Zusammensetzung der Seestreitkräfte handelt ... Im allgemeinen lassen sich alle diese verschiedenen Wünsche in folgende drei Hauptrubriken bringen. Man verlangt entweder:

1) eine Kriegsmarine zur rein defensiven Küstenverteidigung,
2) eine solche zur offensiven Verteidigung und zum notwendigen Schutz des Handels,

oder

3) eine selbständige Seemacht ...

A. Vertheidigung der Küsten.

... Mit Strandbatterien allein würde der Zweck nicht überall zu erreichen sein; selbst bei engeren Einfahrten müßten, um dem Feinde das Einlaufen unzugänglich zu machen, Ketten vorgezogen; Schiffe versenkt, oder Blockschiffe d. h. schwere armierte Kauffahrer quer ins Fahrwasser gelegt werden. Breite Einfahrten sind aber auch auf diese Weise nicht zu verschließen; sie bedürfen einer beweglichen Verteidigung. Diesem Zweck dürften an Deutschlands Küsten namentlich Kanonenböte in Verbindung mit Bugsir-Dampfböten entsprechen ... Die deutsche Flotte würde sonach im Minimum bestehen aus:

40 Jafelkanonenböten

80 Kanonenschaluppen

wozu nach Umständen noch eine Anzahl Kanonenjollen hinzutreten würden.

B. Eine Kriegsmarine zur offensiven Vertheidigung und zum nothwendigsten Schutze des Handels.

... Es giebt mithin, unserer Ansicht nach, nur ein Hauptmittel gegen die Blockade der deutschen Häfen, nämlich eben so schwer armirte als schnelle Dampfschiffe, die wenn sie in gehöriger Zahl über die feindlichen Kreuzer herfallen, denselben das Halten der Küste bedeutend erschweren würden. Kanonenböte können zwar unter Umständen mitwirken, doch würden sie immer nur eine untergeordnete Stelle im Vergleich zu den Dampfern spielen ... Die Dampfschiffe werden die Seeschlachten der Neuzeit einleiten; sie werden nach errungenem Siege den Feind verfolgen, dagegen im eigentlichen Entscheidungskampfe nur als untergeordnete Hülfswaffe auftreten ... Aus dem Gesagten scheint uns zu folgen, daß ein kräftiges Dampfschiffsgeschwader jeder befreundeten Flotte ein willkommener Alliirter sein wird ... Die Dampfschiffe, die wir für unsere Zwecke am geeignetsten halten, sind die Dampffregatten und Dampfcorvetten der englischen Marine von 850 bis 1 300 Tonnen, und 350 bis 650 Pferdekraft, da sie hinlänglich schwer armirt scheinen und 1 000 bis 1 500 Mann Truppen aufnehmen können ...

Was nun die geringste Zahl der Dampfkreuzer für unsern Zweck anbelangt, so scheinen etwa 12 eben zu genügen. Ein Geschwader von 8 bis 10 Dampfern besitzt nämlich unserer Ansicht nach schon eine gewisse Angriffsfähigkeit. Da nun aber ein Paar derselben vielleicht gerade in dem Augenblick des Gebrauchs als nicht disponibel betrachtet oder wohl gar als durch den Sund von den übrigen getrennt gedacht werden könnten, so würde sich die Zahl 12 als Minimum herausstellen ...

Deutschlands Handel bedarf aber auch dort des Schutzes in Krieg und Frieden, mithin muß seine Marine durch geeignete Segelschiffe auch diesem Bedürfnis abhelfen.

Eine Macht, in deren Absicht es nicht liegt, rangirte Seeschlachten zu liefern, die keine Colonien besitzt, wo jedes Linienschiff mindestens drei der in Europa aufwiegt, auch keine Engpässe (gleich Dänemark) zu vertheidigen hat, welche von Linienschiffen forciert werden können, aber dennoch ihren Handel im Frieden, in Neutralitätsfällen, selbst gegen kleinere Seemächte im Kriege zu schützen gesonnen ist, thut wohl, sich mit dem Bau von Fregatten zu begnügen.

Wer aber nun wenig Fregatten baut, der baue sie dafür um so stärker, und er wird gewiß Nutzen aus dieser kleinen Mehrausgabe ziehen. Die stärkste Fregatte aber ist die von 60 Kanonen ...

bleibt uns nur noch übrig, ein Minimum zu suchen, unter das die Zahl der Fregatten nicht herabsinken darf, wenn die Ausgabe dem Vaterlande wirklich Nutzen bringen soll. – Wir glauben, es dürfen nicht weniger als 6 sein. Denn gehen davon z. B. ein Par in Reparatur begriffene ab, so bleiben immer noch 4, und dies dürfte noch allenfalls genügen; sind aber alle dienstfähig, so verfügt man über 2 kleine Geschwader von 3 Fregatten, was einen in manchen Fällen zu statten kommen kann.

Die Zahl von 6 Fregatten reicht ferner unbestritten hin, um, mit Ausnahme Nordamerika's, mit allen anderen Staaten der neuen Welt Krieg zu führen; denn keiner derselben kann uns mehr Streitkräfte entgegenstellen ... Weniger selbstständig wären wir dagegen in den europäischen Meeren aufzutreten befähigt ...

Mit unsren auf

6 Fregatten von 60 Kanonen,

12 Dampfcorvetten oder Dampffregatten von pptr. 850 bis 1 300 Tonnen und 350 bis 560 Pferdekraft,

40 Jaffelkanonenböten,

80 Kanonenschaluppen,

einer Anzahl Kanonenjollen und gemieteter Bugsirdampfböte, angenommenen Minimum einer Marine ist mithin, nach dem Gesagten und nach den angeführten Stärken der andern untergeordneten Marinen, nicht daran zu denken, eine selbsständige Rolle auf der See spielen zu wollen. Sie würde einer der großen Seemächte gegenüber nur eben hinreichen, die deutschen Küsten zu schützen, in diesem Falle aber ohne Allianz mit einer andern großen Seemacht zum Schutz des Handels viel zu schwach sein ...

Was schließlich die Etablissements für diese kleine Geschwader betrifft ...

Unsere Wahl fällt daher auf die Umgegend von Glückstadt oder die Insel Krautsand, um hier den Haupthafen anzulegen ...

C. Eine selbstständige Seemacht.

Solange Deutschland auf der eben bezeichneten Bahn wandelt; so lange es, fern von allem Ehrgeiz, fast ohne die Aufmerksamkeit, geschweige die Eifersucht seiner weit mächtigeren Nachbarn zu erregen, nur Fregatten und Dampfschiffe baut, und es sich begnügt, eine bescheidene Stelle unter den kleineren Marinen einzunehmen; so lange Jedermann einsieht, daß es weder nach großer Geltung zur See strebt, noch daran denkt, Schlachten zu liefern, wird Niemand es einer Halbheit in seinen Maßregeln zeihen. Sobald es aber durch den Bau von Linienschiffen, von Schlachtschiffen, aus diesem anspruchslosen Kreise heraustritt, werden alle Augen sich darauf richten, eine scharfe Kritik wird anheben, und wehe dem Vaterlande, wenn es sich bei diesem entscheidendem Schritte einer halben Maßregel schuldig machen sollte ...

daß Deutschland entweder gar keine Linienschiffe oder gleich so viele bauen muß, daß es als selbständige Seemacht seinen Nachbarn gegenüber auftreten kann. Jedes Mittelding wäre eine unnütze Ausgabe, eine leere Prätension, und würde Erwartungen in der Nation erregen, der die Seemacht im Moment der Gefahr nicht zu entsprechen vermöge ...

so glauben wir 20 Linienschiffe als Minimum einer Seemacht annehmen zu müssen ... Eine solche Flotte aber würde Deutschland zur vierten Seemacht ersten Ranges machen, und es unbestritten in den Stand versetzen, eine große Rolle auf dem Meere zu spielen, eine Rolle, die seiner Stellung in Europa würdig wäre ...

Nachdem wir nun das Minimum einer selbstständigen Seemacht auf

20 Linienschiffe,
10 Fregatten,
30 Dampfer,
40 Jaffelkanonenböte,
80 Kanonenschaluppen etc.

normirt haben, kann man mit Recht fragen: Ist Deutschland auch im Stande, eine solche Flotte zu bemannen und die dazu erforderlichen Summen zu erschwingen? Auf die erste Frage glauben wir mit Ja antworten zu können, sobald nur durch ein Gesetz ausgesprochen wird, daß jeder deutsche Seemann im Falle des Krieges auf der Flotte zu dienen verpflichtet ist ...

Aus diesen Gründen halten wir Kiel, das wir als untergeordnetes Zwischen-Etablissement seinen Werth behält, nicht zum Haupthafen geeignet, richten vielmehr unsere Blicke nach Danzig ...»

Dieser bemerkenswerten, vom Mai 1848 datierten Denkschrift folgte wenige Monate später, im November 1848, eine aus London zur gleichen Frage. Sie war an Arnold Duckwitz, den zuständigen deutschen «Reichs-, Handels- und Marineminister» gerichtet. Ihr Verfasser war der «Doctor beider Rechte und ehemalige Bevöllmächtigte der Hansestädte im Orient» Patrick Colquhoun, der zwar, wie er in seinem Vorwort vermerkt, «im Seedienst nicht aufgewachsen und mit diesem Zweige der Militairwissenschaft nur als Liebhaber bekannt», sich «genöthigt» sah, «an praktische Leute zu halten, ohne deren Rath und Kenntnisse er es nie gewagt hätte, seine Ansicht über die Bildung einer deutschen Marine dem Publikum vorzulegen». Für diesen «Rath» dankt er namentlich folgenden Herrn: «dem Königl. Großbritannischen Hydrographen Admiral Sir Traucis Beaufort K.C.B., dem Vorsitzenden des Königl. Großbritannischen Kriegsschiffbau-Ausschusses Herrn Postcapitain Sir Baldwin Wake Walker K. C. B., dem Königl. Großbritannischen Postcapitain Herrn H. C. Deacon, besonders aber dem Herrn Capitain Johann Tord Bey im Kaiserl. Ottomanischen Marinedienst, der auch Kriegsschiffbau-Inspector ist».

Hauptzweck seiner Schrift war – seinen Worten nach – zu beweisen, «daß Deutschland durch das Streben, als Seemacht des ersten Ranges aufzutreten, seine Stellung als Landmacht gefährden würde, sogar ohne seinen Endzweck, den Schutz seines Handels und seiner Schiffahrt, zu erreichen; ferner, daß die in veralteten, im Deutschen herausgegebenen unpraktischen Schriften empfohlene Verfahrensweise durchaus außer acht zu lassen ist; daß Deutschland die Leitung dieser Angelegenheit denjenigen überlassen sollte, deren geographische Lage und langjährige Erfahrung im Seewesen sie am besten dazu eignet, und schließlich, daß eine so bedeutende Maßregel nur zur Friedenszeit unternommen und mit Erfolg ausgeführt werden kann».

Colquhoun meint, die große Frage der Bildung einer deutschen Kriegsmarine «verdient allerdings, einer gründlicheren und genaueren Untersuchung als bisher unterworfen zu werden». Er sah folgenden Ausgangspunkt:

«Die geographische Lage Deutschlands und die Beschaffenheit seiner Küsten dieses großen Binnenlandes werden es nie gestatten, daß Deutschland seine Stellung unter den Seemächten ersten Ranges einnimmt; nichts destoweniger ist es zu wünschen, daß Deutschland im Stande sein möchte, seine Rechte unter den Seemächten des zweiten oder wenigstens des dritten Ranges zur Beschützung seiner Küsten und seines immer zunehmenden Handels zu behaupten. – Die eigentliche Bestimmung Deutschlands auf dem hohen Meere ist eine defensive; auf dem festen Lande ist sie sowohl defensiv als offensiv, indem die Natur diesem Lande die Mittel in die Hände gegeben zu haben scheint, auf der einen Seite der Anmaßung der slawischen und auf der anderen der der südlichen Völkerschaften die Waagschale zu halten und ihnen Einhalt zu thun ... das mittlere Deutschland (hat) diese bedeutende Frage in Folge seiner Unkunde des Seewesens bisher gänzlich mißverstanden; indessen eignet sich das nördliche Deutschland vermöge seiner langjährigen Erfahrung ganz besonders zur Ausführung des gewünschten Zweckes; ihm sollte daher die Entwicklung desselben gänzlich überlassen werden.»

Damit wurde letztlich keine deutsche Marine empfohlen, sondern eine der norddeutschen Staaten als Bundeskontingent. Die Kriegswerften gehörten nach Ansicht von Colquhoun in die Hansestädte, diese könnten auch die Matrosen stellen, während die Kosten «von der Bundes- oder Reichskasse bestritten» werden sollten. Dringlichst warnt er vor der Anschaffung von Linienschiffen. Er empfiehlt vielmehr kleinere Fregatten und Dampfer. Wie sah nun der Gegenvorschlag zur Denkschrift von Prinz Adalbert, um einen solchen handelt es sich offensichtlich, aus? Der «Entwurf zur Bildung einer deutschen Kriegsflotte» des Herrn Colquhoun, gedruckt in Leipzig 1849, in dem selbst die Kostenrechnung für den Bau von Schiffen auf englischen Werften nicht fehlte, sah im einzelnen vor:

«10 Fregatten der 1. Klasse mit 24 Stück Geschützen von 42 Pf., 12 an jeder Seite auf dem unteren Deck, in der Mitte aber auf jeder Seite 2 Stück von 68 Pf., auf dem oberen Verdeck zwischen dem Vorder- und Fockmast 12 Geschütze von 50 Centner Schwere und 32 Pf., 6 auf jeder Seite, und 2 Pivotgeschütze von 10 Zoll Durchmesser, das eine vorn, das andere hinten; 1 leichtes Geschütz (caronade) von 18–24 Pf. für das große Boot, außerdem 2–4 Feldstücke von 6–9 Pf. Die Trächtigkeit eines solchen Schiffs muß 1 700 Tonnengehalt und es muß mit einer Hülfsdampfkraft von 250 Pferdekraft versehen sein; man könnte dann nöthigenfalls 1 500–2 000 Mann Truppen transportieren. Diese würden einer Mannschaft von 400 bedürfen.

18 Fregatten der 2. Klasse mit 16 Stück Geschütz von 42 Pf., 8 an jeder Seite auf dem unteren Deck, in der Mitte aber auf jeder Seite 1 Stück von 68 Pf.; auf dem oberen Verdeck 2 Pivot-Geschütze von 8 Zoll Durchmesser, das eine vorn, das andere hinten, außerdem 2 Feldstücke von 6 oder 9 Pf. mit einem leichten Geschütz(caronade) für das große Boot von 12, 18 oder 24 Pf. Die Trächtigkeit dieser Schiffe sollte von 1 500 Tonnen und jedes derselben mit einer Hülfsdampfkraft von 220 Pferdekraft versehen sein. Diese würden einer Mannschaft von 300 bedürfen.

15 eiserne Schoner zum Schutze der Küsten mit 3 Masten und 10 Stück 32pfündigem Geschütz von 25 Centner Schwere, nebst 2 Pivot-Geschützen, 1 vorn und 1 hinten, von 8 Zoll im Druchmesser. Solche Schiffe sollten aus Eisen gebaut werden, 600 Tonnen Gehalt und mit einer Hülfsdampfkraft von 100 Pferdekraft versehen sein; sie würden dann einer Mannschaft von 100 bedürfen.

15 eiserne Schoner mit 2 Masten, 8 Stück 32pfündigem

Geschütz von 25 Centner Schwere, nebst 2 Pivot-Geschützen von 8 Zoll Durchmesser, 1 vorn und 1 hinten. Solche Schiffe sollten 500 Tonnengehalt und eine Hülfsdampfkraft von 75 Pferdekraft bekommen. Sie würden dann einer Mannschaft von 75 bedürfen.

6 Dampffregatten der ersten Klasse von 1200 Tonnengehalt und 400 Pferdekraft führen 2 lange Geschütze von 10 Zoll im Durchmesser, 1 vorn und 1 hinten auf Pivot; außerdem 4 Stück lange Geschütze von 42 Pfund und 2 Feldstücke von 9 Pfund. Diese Schiffe wären mit Schaufelrädern zu versehen und würden einer Mannschaft von 200 bedürfen.

12 eiserne mit beweglichen Schaufelbretern (feathering paddles) versehen Dampfboote von 600 Tonnegehalt und 200 Pferdekraft, armirt mit 2 langen Pivot-Geschützen von 8 Zoll im Durchmesser. Diese Schiffe dürfen wohl auch als Regierungs-Paketboote dienen und würden einer Mannschaft von 110 bedürfen.

10 eiserne mit beweglichen Schaufelbretern (feathering paddles) versehen Dampfboote von 350 Tonnengehalt und 120 Pferdekraft, armirt mit 2 langen Pivot-Geschützen von 32 Pf. und 50 Centner Schwere, oder 2 Geschützen von 8 Zoll Durchmesser. Diese Schiffe dürften ebenfalls als Paketschiffe in seichten Flüssen dienen; in Friedenszeiten kann man sogar das schwere Geschütz herausnehmen und an dessen Stelle, wenn nöthig, ein Paar 32pfündige Caronaden für Nothzeichen anbringen. Dieselben würden einer Mannschaft von 60 bedürfen und die veralteten Kanonenboote ersetzen.

Summa

10 Fregatten	1. Klasse	von	1700	Tonnen	17000	Tonnen
18 »	2. Klasse	»	1500	»	27000	»
15 Schoner	3. »	»	600	»	9000	»
15 »	3. »	»	500	»	7500	»
6 Dampffregatten	1. »	»	1200	»	7200	»
12 »	2. »	»	600	»	7200	»
10 »	3. »	»	350	»	3500	»
86					78400	Tonnen»

Im folgenden gibt Colquhoun eine bis ins einzelne gehende Kostenaufstellung «von den Contract-Baukosten der Kriegsschiffe in England, welche vom besten Material und durchgängig solid gebaut». Danach kostete eine Fregatte 1. Klasse mit Bewaffnung und Munition sowie der Besoldung der Besatzung für ein Jahr 91296 Pfund und 4 Shilling, die der 2. Klasse 77003 Pfund und 4 Shilling. Die Schoner entsprechend ihrer Tonnage 27816 Pfund und 10 Shilling, 22249 Pfund und 9 Shilling, während die Dampfschiffe von 71686 bis 19098 Pfund kosteten. Insgesamt würde der finanzielle Aufwand für die vorgeschlagenen 86 Schiffe 4078957 Pfund und 9 Shilling betragen, eine für die damalige Zeit und das damalige Deutschland gewaltige Summe. In direkter Anspielung auf die Denkschrift des preußischen Prinzen geht der Engländer auf die Finanzfrage ein. «Vergebens sucht man die Erledigung dieses wichtigen Punktes in der Denkschrift; meint etwa der Verfasser derselben, dieses sei nicht einmal eine Frage? Hat er nicht neulich die deutschen Häfen besucht? Nein, ist eine Flotte erforderlich, worüber, was eine mäßige Flotte leichter Fahrzeuge zum Schutz des Handels und der Schiffahrt anbetrifft, kein Zweifel obwalten kann, so ist vor allem Frieden und Ruhe erforderlich. – Nachdem dann die durch das Erdbeben erschütterten deutschen Staaten wieder in gesunden, vernünftigen Zustand gerathen und Handel und Gewerbsthätigkeit in das alte Geleis zurück gekehrt sind, wird man imstande sein, die nothwendige Steuer zu diesem großen National-Unternehmen zu erzwingen und mit Vortheil zu verwenden.»

Wir, die den Verlauf der Geschichte der darauffolgenden nahezu 150 Jahre kennen, wissen, daß die Vorschläge des Herrn Colquhoun kein Gehör fanden. Man kann darüber nachsinnen, welcher seiner Gedanken in welchem Maße real gewesen ist. Erstaunlich ist, mit welchem Gespür für die Lage Deutschlands der Hohenzollernprinz seine Überlegungen zur Flottengründung verband. Folgenreich für die Geschicke der Deutschen, in welchem Ausmaß die warnenden Töne überlesen wurden, während vieles andere verwirklicht wurde. In jedem Falle war es nicht die Marine des Frankfurter Parlaments, die die «Deutsche» wurde. Sie gehörte zu ihren Wurzeln, den Stamm aber formte, entsprechend der politischen Entwicklung, Preußen.

Die Fahrzeuge der preußischen Seehandlung, der Staatsbank, unter der Flagge mit dem schwarzen Adler, begannen den Weg auf die offene See zu öffnen. Die industrielle Entwicklung in dem nach 1814 vergrößerten Preußen, die Veränderungen auf dem Gebiet der Technik, Wissenschaft und Wirtschaft in Europa – nicht zuletzt in Deutschland – beförderten Handel, Seeschiffahrt und Marineentwicklung. Die in der Entstehung begriffene Flotte diente der preußischen Zollvereinspolitik durch den Einsatz von Schiffen in Übersee aus handelspolitischem Interesse.

Bis zum Jahre 1848 blieben die Maßnahmen zum Ausbau der Flotte außerordentlich bescheiden. Im September 1848 wurde die aus Ruderkanonenbooten bestehende Küstenflottille einer im Kriegsministerium angesiedelten Marineabteilung unterstellt. Im Frühjahr des folgenden Jahres bestand die Preußische Marine aus einer Korvette, zwei Dampfern und 27 Kanonenbooten. 1853 erfolgte die Bildung der Admiralität. Mit der Schaffung eines Marine-Stationskommandos in Danzig verlagerte sich der Schwerpunkt der jungen Flotte vom pommerschen Stralsund nach Danzig, nach dem Krieg gegen Dänemark 1864 nach Kiel.

1862 kam der «Plan zur Begründung der preußischen Flotte» im Abgeordnetenhaus auf die Tagesordnung. Er sah den Bau von acht Panzerfregatten, acht Panzerkanonenbooten, zwölf Korvetten, acht Avisos und 78 Kanonenbooten vor. Nach dreitätiger Debatte lehnten die Abgeordneten den Flottengründungsplan ab. Weihnachten 1862 legte der Abgeordnete Friedrich Harkort eine kleine Schrift mit dem Titel «Die deutsche und preußische Marine», die ein Jahr später in Hagen veröffentlicht wurde, vor. In ihr zeigte er recht deutlich die Marineprobleme aus der Sicht des Parlaments auf.

«Die Öffentlichkeit ist der große Gerichtshof der Nationen, als Anwalt tritt die Presse auf. Große Angelegenheiten eines Volkes können nur gewinnen, wenn man sie in allen Kreisen bespricht, und darin liegt der hohe Werth einer freien Presse ... Auch die preußische Admiralität wird der Öffentlichkeit Rede stehen müssen ob der Weg, den sie zum Vorteil oder Nachteil der jungen Marine einschlug, und die Veranlassung dazu geben, ist der Zweck dieser kleinen Schrift.»

Die folgenden Passagen aus dem Heft Harkorts vermitteln einen unmittelbaren Eindruck von den Auseinandersetzungen im Deutschen Bund um die Einheit und den Bemühungen der preußischen Parlamentarier, über das Budget Einfluß auf die Gestaltung der Politik zu nehmen, sowie von den Problemen in den Anfangsjahren der späteren Kaiserlichen Marine.

«Deutschland bedarf einer Kriegs-Marine; Preußen gebührt die Führung, damit ist die Nation einverstanden, wie die freiwilligen Flottenbeiträge bezeugen. Allein die Regierungen der Vaterländchen verharren im alten selbstsüchtigen Zwiste, Preußen und die Gunst der öffentlichen Meinung sind Gegensätze geworden und der Staat Friedrich des Großen ist, unter selbstverschuldeten Verhältnissen, auf die eigene Kraft beschränkt ...

Die erste aller Fragen ist also, welche Mittel sind, ohne Ueberbürdung des Finanz-Etats, auf die Marine, als neuester Zweig des Staatshaushalts, zu verwenden? ...

Die unangemessensten Ansprüche, die mit der Leistungsfähigkeit der Nation außer Verhältnis stehen, macht der Kriegsminister an den Staatssäckel, während die anderen so wichtigen Zweige der Verwaltung verdorren. Wir verweisen auf die Bedürfnisse der Kirchen, Schulen, Civilbesoldungen, Kommunikationen, Ackerbau u. s. w. Waren ja für das Laboratorium der Universität Bonn nicht einmal ein Paar hundert Thaler flüssig zu machen.

Kriegs-Budget:

Für	1862	beträgt	das	Ordinarium	Thlr.	37,779,000
»	»	»	»	Extra-Ordinarium	»	1,826,000
					»	39,605,000
»	1863	»	»	Ordinarium	»	36,645,000
»	»	»	»	Extra-Ordinarium	»	1,844,000
					»	38,489,000

während der Etat pro 1849 nur 25,800,000 in Anspruch nahm ... Die Bilanz kann also noch nicht gezogen werden, allein so viel ist klar, daß, je höher der Kriegsminister die Anforderungen für die Armee stellt, um so weniger kann der Marineminister für die Flotte verlangen.

Das Haus der Abgeordneten, mit dem Seewesen weniger vertraut, hatte bisher seine Wünsche nur in bescheidenen Erwartungen ausgesprochen, die keine Früchte trugen. Nachdem indessen seit Gründung der Flotte 20 Millionen verausgabt sind und die Leistungen dafür unter aller Erwartung geblieben, gerieth die öffentliche Meinung in Bewegung. Wir verweisen auf die Petition an das Haus; den Proceß der Danziger Zeitung von 1861; auf den Artikel der National-Zeitung: wie wünschenswert es sei, in das Abgeordneten-Haus einige Männer zu wählen, die etwas von den Angelegenheiten der Kriegs-Marine verständen und den Muth hätten, dieselben von allen Seiten zu erörtern und in das Gebiet der Öffentlichkeit zu ziehen ... Das Haus der Abgeordneten ist 1862 jenen Wünschen in dreitägiger Debatte (58., 62., 63. Sitzung) gründlich nachgekommen und das Marineministerium erlitt eine parlamentarische Niederlage ...

Die Frage, ob den Abstimmungen sachliche oder finanzielle Motive zum Grunde lagen, oder politische Gegnerschaft, soll hier näher beleuchtet werden, dann mag das Publikum urtheilen ...

Der Herr Marine-Minister ist kein Seemann wie Seinesgleichen in Paris, Turin und Copenhagen, es galt also die erfahrenen Rathgeber zu gewinnen.

Wenn nun ein, sonst höchst achtbarer, dem Wasser fremder Infanterie-General Departements-Director und ein Gardeofficier vortragender Rath wird, wenn in manche Posten Stabsofficiere der Linie eingeschoben werden, so halten wir das für einen schädlichen Mißgriff ...

Während eines langen Friedens wächst der Pedantismus in der besten Armee, allein es ist nicht wohl gethan, solchen auf die Marine zu übertragen, die stets mit Sturm und Wetter Krieg führen muß, um kampffähig zu sein oder durch Uebung zu werden.

Einige Belege finden sich im Budget.

Das für die Marine aufgestellte Budget pro 1862 betrug

im Ordinarium	Thlr.	1,045,000
im Extraordinarium	»	1,145,000
	»	2,190,000

... Für die Indiensthaltung der Fahrzeuge sind 278,577 Thaler gefordert und ohne Anstand bewilligt, allein mit der Aufforderung an die Regierung: künftig speciellere Angaben über die beabsichtigte und stattgehabte Indiensthaltung in dem Special-Etat zu geben.

Wie wohl begründet diese Forderung ist, geht aus der Thatsache hervor: daß in der verlangten Summe folgende Schiffe, als im Dienst befindlich eingerechnet sind:

Fregatte Gefion 6 Monate, erhielt erst am 13. Nov. Segelordre,

Corvette Gazelle 9 Monate, am 11. Nov. ausgelaufen,

Transportschiff Elbe 7 Monate, von Japan heim, steht zum Verkauf,

Corvette Arcona 9 Monat, von Japan zurück, reparirte in England,

Corvette Hela 10 Monat,

» Loreley 8 » , 2 große Kanonenboote 1½ Monat, davon nur eins die Küstenfahrt nach Stettin gemacht,

6 kleine Kanonenboote 1¼ Monat, nicht in See erschienen,

Fregatte Thetis 10 Monat, von Japan heimgekehrt.

Adler 6 Monat, Dienste unbekannt.

Demnach schickt man die vorhandenen Schiffe entweder zu spät, oder gar nicht aus und kauft drei zwanzigjährige Fahrzeuge in England auf, um die Mannschaften zu üben ... Das Patronat und die Exclusivität bei der Aufnahme – analog dem Vorurtheil der Regimenter, auf Stand und Namen zu sehen, die einen guten Klang haben – die zu hohen Kosten, drängen das weniger bemittelte Talent zurück. 1861 befanden sich unter den Seeofficieren bereits 40 Prinzen, Grafen, Barone und Adelige, 24 im Kadetten-Institut; das Volk, so zahlt und ficht, will seinen Söhnen ebenfalls die freie Laufbahn eröffnet sehen. Namentlich nehmen wir diese Gleichstellung für die Söhne der weniger bemittelten Marineofficiere und Seeleute in Anspruch ... Das Haus der Abgeordneten, in Würdigung der gerügten Übelstände und dessen was noth thut, hat den Beschluß gefaßt: ‹die königliche Regierung aufzufordern, eine höhere Seeschule in Danzig zu errichten und das Kadetten-Institut in Berlin aufzulösen› ...

Danzig ist der geeignetste Ort, weil dort die einzige Kriegswerft des Staates besteht und die jungen Leute sich mit dem Schiffbau und der Ausrüstung befreunden können und zugleich das Bild eines großartigen Handelsverkehrs vor Augen haben ...

Der Entwurf des Gesetzes, betreffend die außerordentlichen Bedürfnisse der Marine-Verwaltung pro 1862 erschien erst im Juli 1862.

Gefordert wurden:

1. zur Fortsetzung des Schiffbaues Thlr. 220,000
2. zur Beschaffung von Uebungsschiffen Thlr. 220,000
3. zur Beschaffung von 3 Panzerbooten als erste Rate Thlr. 600,000
4. zur Anlegung eines Hafens auf Rügen, erste Rate Thlr. 380,000

Thlr. 1,400,000

... Mit Recht ist zu tadeln, daß die Admiralität Kanonen in Schweden kauft, während das Staats-Etablissement in Spandau so treffliche Geschütze fertigt; Dampfmaschinen von England bezieht, während es, um vom Auslande unabhängig zu werden, ungleich angemessener erscheint, die Werkstätten des eigenen Landes zu begünstigen. Im Fall eines Seekriegs würde man zu gut zur Erkenntnis kommen. Schon während des Krimkrieges verbot England die Ausfuhr. Wir theilen die Ansicht Scott Russels, daß die Staatswerfte die wenigste und theuerste Arbeit liefern und es besser ist, die Schiffe zu kaufen. Die Zeit der hölzernen Schiffe ist vorbei und Eisenschiffe die Flotte der Zukunft. Private bauten den ‹Warrior› und den ‹Blackprince› in England und nicht die Admiralität, geschweige die Unsrige ...

Die Herstellung der Eisenschiffe ist noch in einer raschen Entwicklung begriffen, die Kommission warnte vor Uebereilung und rieth den Sieg eines Systems abzuwarten. Holland zögert noch und Norwegen will höchstens die Maschinen durch theilweise Bepanzerung schützen. Der Regierungs-Kommissar bestritt, daß es zwei Systeme gäbe, während die Amerikaner bereits 7 aufzählen und jenes von Reed in England das achte ist. Man ersieht daraus die Belesenheit ...

Zur Anlegung eines Hafens auf Rügen wird nur die erste bescheidene Rate von 380,000 Thlr. gefordert, allein die kärglichen Motive erwähnen nicht, daß die Ausführung der Hafen-Anlage allein im besten Falle 13 Millionen Thaler kosten würde, außer der Befestigung der ganzen Insel ...

Frankreich verwendet 26 % der Einnahme auf das Heer, Preußen 43 %; Frankreich verwendet auf die Marine 10 %, Preußen 2¾ % ...

Auch Deutschland muß sich zur See rüsten, Preußen allein trägt die volle Last nicht. ‹Unter Preußischer Führung› ist jetzt ein bedenkliches Wort und deshalb reden wir auch von einem deutschen Hafen ...

Aus dem Bericht von A. Duckwitz, vom 26. September 1861, ersehen wir: daß binnen 8 Monaten, nachdem seitens der Central-Verwaltung die Sache in die Hand genommen war, in der Mündung der Weser eine vollständig ausgerüstete, armirte und mit tüchtigen Officieren und Mannschaften versehene, schlagfertige Flottille lag. Diese bestand aus 10 Dampffregatten und Korvetten und 27 Kanonenbooten, bereit den Dänen die Spitze zu bieten.

Außer Brommy sind Duckwitz, Teichert v. Wangenheim, Marcard, Kerst, der Wasserbau-Director Bloeme, der englische Marine-Ingenieur Morgan und Andere der Ehre des Erfolgs theilhaftig ...

Deutschland will eine angemessene Kriegsmarine; daß Preußen, mit seinen jetzigen feudalen Tendenzen, diese Schöpfung bald hervorrufen werde, bezweifeln wir zu unserem tiefsten Bedauern ...

In Süddeutschland ist, durch die Abneigung gegen Preußen, der Gedanke rege geworden, getrennt vorzugehen und Wismar als geeigneten Hafen zu wählen ...

Bei der Debatte, das Preußische Marine-Budget betreffend, bemerkten wir: daß Kiel eigentlich der deutsche Kriegshafen sein müsse.

Der Marine-Minister gab zu, daß alsdann der Hafen auf Rügen überflüssig sei, allein Kiel wäre in fremden Händen ...

Die deutsche Flotte steht als nicht vorhanden in unserm Programm. Seegeltung war 1848 die Parole, das Volk schuf die Flotte und der Bundestag vernichtete sie, darin liegt die tragische Ursache der deutschen Ohnmacht an den eigenen Küsten und in fremden Meeren.

Trotz manchen Mißgriffen gebürt Preußen allein die Ehre, nach Jahrhunderten der Erniedrigung, den Kriegswimpel wieder über den Ocean getragen zu haben; daran klammert sich der nationale Wunsch ‹einer deutschen Flotte unter Preußens Führung!›

... Die Eifersucht der Kleinstaaten gegen Preußen und das Mißtrauen – verdient oder nicht – dienen dem Volke gegenüber als Entschuldigung für die Unterlassungssünden ...

Bei dieser Zerrissenheit der deutschen Zustände kann Preußen nur angerathen werden, auf eigene Hand, besonnen vorzugehen, damit es klar werde, was von einer Seite gethan und geopfert und von der anderen in scheeler Selbstsucht unterlassen ist ...»

Letztere Empfehlungen Harkorts entsprachen den politischen Bedingungen in Deutschland. Der Flottengründungsplan wurde überarbeitet, und im Dezember 1867 passierte er mit nur geringen Änderungen den Reichstag als Grundlage für den Aufbau der am 1. Oktober 1867 gegründeten norddeutschen Bundesmarine. Danach sollte innerhalb von zehn Jahren eine Flotte aus 16 Panzerschiffen, 20 Kreuzerfregatten und -korvetten, acht Avisos, drei Transportschiffen, 22 Dampfkanonenbooten, zwei Artillerieschulschiffen sowie aus fünf Übungsschiffen für Kadetten und Schiffsjungen errichtet werden. Kiel, inzwischen nicht mehr «in fremden Händen», sondern preußische Stadt, wurde neben Wilhelmshaven zum Bundeskriegshafen ausgebaut. Die Einweihung der Hafenanlagen an der Jade erfolgte am 17. Juni 1869.

1869, kurz vor Ausbruch des Deutsch-Französischen Krieges, hatte die norddeutsche Bundesmarine vier Panzerschiffe, acht Korvetten, zwei Avisos, ein Transportschiff, 22 Dampfkanonenboote, zwei Artillerieschulschiffe und vier Übungsschiffe in ihrem Bestand. Ihre Aufgabe war an erster Stelle der Handelsschutz in Übersee, was auch immer darunter verstanden wurde. Danach kamen erst Aufgaben im Falle eines Krieges in europäischen Gewässern.

Der Kurs auf die hohe See

Um seinen Lesern zu verdeutlichen, welche untergeordnete Rolle die Marine während des Deutsch-Französischen Krieges spielte, beschreibt Großadmiral von Tirpitz in seinen «Erinnerungen» (Alfred von Tirpitz, Erinnerungen, Leipzig 1920) sein damaliges Kriegserleben. Tirpitz diente auf dem Flaggschiff «König Wilhelm», des ersten, aus vier Schiffen bestehenden Panzerschiffsgeschwaders, als Unterleutnant. Nachdem er sich über die Untätigkeit der Panzerschiffe der norddeutschen Bundesmarine ausgelassen und die mangelnden Dockmöglichkeiten beklagt hatte, erläuterte er, daß er monatelang auf dem Sporn der «König Wilhelm», die auf der Außenjade kreuzte, Wache gegangen sei, um auf die eigenen Minen aufzupassen. Dann kommt ein häufig zitierter Satz: «Die größte Kriegsleistung unseres Geschwaders aber war die Einfahrt in die Schleusen von Wilhelmshaven, als der Winter uns zwang, die Außenjade zu verlassen.» Eine Sicht, die völlig unter dem «Schlachtendenken» späterer Jahre stand und diese Elle auch an das Jahr 1870 – völlig zu unrecht – anlegte.

Eine Öffentlichkeit, die den Krieg als eine Folge von grandiosen Reiterattacken und erfolgreichen Siegen wie Königgrätz und Sedan sah, konnte kaum Verständnis für den eintönigen Wachdienst auf See aufbringen. Noch weniger war für sie zu verstehen, daß die Panzerschiffe, von denen die «König Wilhelm» als das Stärkste seiner Zeit galt, dem Gefecht mit dem zwar überlegenen französischen Geschwader auswich. Das Gefecht der «Meteor» vor Havanna sowie der einzige Handelskriegseinsatz der «Augusta» vor der Gironde-Mündung bildeten da einen nur schwachen Ersatz. Das galt selbstverständlich auch für die sich nach Ruhm sehnenden jungen Offiziere.

Dabei war ein derartiges Urteil nicht gerecht. Es standen der bei Kriegsbeginn noch immer norddeutschen Bundesmarine mit der Flotte Frankreichs eine Seemacht ersten Ranges gegenüber. Die der personell und materiell unfertigen Bundesmarine gestellten Aufgaben an den heimatlichen Küsten waren real und wurden von ihr gewissenhaft erfüllt. Die Tirpitzsche Lesart der Ereignisse läßt völlig außer acht, daß bei der Aufgabenstellung im Flottengründungsplan 1865 nicht die Seeschlacht im Vordergrund gestanden hatte. Hier galt der Aufbau einer Flotte, die den «Achtung gebietenden Standpunkt unter den Seemächten zweiten Ranges» einnehmen sollte. Die von ihr zu lösenden militärischen Aufgaben hatten folgende Schwerpunkte:

«1. Schutz und Vertretung des aufstrebenden Seehandels Preußens und Deutschlands auf allen Meeren und Erweiterung seiner Rechte und seiner Beziehungen;

2. Verteidigung der vaterländischen Küsten und Häfen an der Ost- und Nordsee;

3. Entwicklung des eigenen Offensivvermögens nicht bloß zur Störung des feindlichen Seehandels, sondern auch zum Angriff feindlicher Flotten, Küsten und Häfen.»

An erster Stelle stand die Wahrnehmung preußisch-deutscher Interessen in Übersee und hierauf hatte sich die noch in den Kinderschuhen steckende Marine konzentriert. Im Sommer 1870, vor Ausbruch des deutsch-französischen Krieges, befand sich das Panzerschiffsgeschwader, auf dessen Flaggschiff der Unterleutnant Tirpitz diente, gerade auf einer Übungsreise zu den Azoren. Bis zu diesem Zeitpunkt waren in Mittelamerika, China und im östlichen Mittelmeer Schiffe der Bundesmarine auf Station. Bereits 1852 brach ein preußisches Geschwader, bestehend aus der Fregatte «Gefion», den Korvetten «Amazone» und «Merkur», zu einer einjährigen Übungsreise in die Karibik auf. Der «Segelorder» nach hatten die Schiffe folgende Aufgaben zu lösen:

«Der allgemeine Zweck der Expedition ist einerseits Wahrnehmung des Interesses des diesseitigen Handels und der Seefahrt, andererseits hauptsächlich die Ausbildung der Offiziere, Kadetten, Unteroffiziere und Mannschaften.

Euer Hochwohlgeboren haben in den Häfen, welche Sie besuchen, sich daher über alles möglichst genau zu unterrichten, was für die preußischen Handelsverhältnisse, wie in politischer und maritimer Beziehung von Interesse sein kann, als inwieweit Preußens Produkte, in welcher Beschaffenheit und unter welchen Verhältnissen dieselben an den verschiedenen Plätzen einen vorteilhaften Markt finden können, was Handelsschiffe bei Ein- und Aussegelung, Ein- und Ausklarierung zu beobachten haben, welche Bestimmungen in bezug auf Hafen- und andere Lokalgebühren in Kraft sind ...

Zu dem hier nähergetretenen einen Hauptzweck der Expedition gesellt sich noch der: von dem Besuch der entfernten Länder und Meere durch Kriegsfahrzeuge auch für die Naturwissenschaften möglichst Vorteil zu ziehen. Euer Hochwohlgeboren haben hierzu, wo sich Gelegenheit bietet, nach besten Kräften ebenfalls zu wirken, und die Observationen etc., welche von Offizieren oder Ärzten, vielleicht in Übereinstimmung mit einem von der Akademie der Wissenschaften gegebenen Plane, auszuführen sind, nach Möglichkeit zu unterstützen ...

Den Aufenthalt in fremden Häfen haben Euer Hochwohlgeboren ferner zu benutzen, auch von den Marinen der ausw. Staaten, ihrer Größe, Beschaffenheit, der Bestimmungen über Salute, überhaupt von allem, was für die Kriegsmarine von Interesse ist, soviel als die Umstände gestatten, sich Kenntnis zu verschaffen und die Nachrichten zu sammeln.» (Willi A. Boelcke, So kam das Meer zu uns. Die preußisch-deutsche Kriegsmarine in Übersee 1822 bis 1914, Frankfurt/Main, Berlin, Wien 1981)

Weitere Reisen folgten, so 1854 nach Brasilien und ins Mittelmeer, 1856 ins Mittelmeer und von 1859 bis 1862 die Ostasienexpedition der preußischen Marine. Mit der «Arcona» als Flaggschiff segelten die «Thetis» und «Frauenlob» mit dem Transportschiff «Elbe». Auf dieser Reise ging die «Frauenlob» in einem Taifun vor Jeddo mit der gesamten Besatzung, 45 Mann, unter. Es kam zu weiteren Verlusten, wobei der Totalverlust des Schulschiffes «Amazone», mit einem ganzen Kadettenjahrgang besonders schwer wog. Überhaupt waren die Personalprobleme für die junge Marine besonders groß. So wie die Schiffe noch von den Erfahrungen der Seekriege des 18. Jahrhunderts und der englisch-französischen Auseinandersetzung der Jahrhundertwende beeinflußt wurden, so herrschten beim Personal ähnlich gelagerte Verhältnisse. Der spätere Admiral v. Blanc hierüber: «Im Jahre 1865 waren die Verhältnisse in der Marine noch durchaus ungeregelte, der Dienstbetrieb eines Schiffes, das Leben der Offiziere in der Messe, der Geist des ganzen hing von dem persönlichen Können und der Denkungsart und dem Charakter der maßgebenden Persönlichkeiten ab; Überlieferungen, Reglements, eine gleichmäßige Erziehung gab es noch nicht. Das Offizierskorps namentlich entbehrte einer militärischen Schulung und in seinem Zusammenleben des guten Tons; es war alles genial, urwüchsig und rücksichtslos.»

Beim Offizierskorps waren Teile aus der Armee vor allem von der Kavallerie übernommen worden, eine Tendenz, die sich interessanterweise Jahrzehnte später beim Aufbau der Luftwaffe wiederholen sollte. Andere kamen, wie Tirpitz in seinen «Erinnerungen» berichtet – ähnliches kann man bei Hopmann lesen – aus der deutschen oder dänischen Marine, d.h. Handelsmarine, oder waren in England oder Holland ausgebildet worden.

Auf die Mannschaften, ihre Lebens- und Dienstverhältnisse geht Werner in seinem bereits erwähnten Buch ausführlich ein:

«Von den 3200 Seeleuten, welche gegenwärtig die Bemannung unsrer Flotte ausmachen, gehören über $\frac{2}{3}$ und von dem Offizierskorps $\frac{4}{5}$ nicht den Küstenstrichen an, und merkwürdigerweise liefern gerade die dem Meere am fernsten gelegenen Provinzen, wie Schlesien und Sachsen, verhältnismäßig viel Seeleute ...

Es ist eine allgemein bekannte Sache, daß Seeleute der Handelsmarine höchst ungern auf der Kriegsflotte dienen, und wenn dieser Widerwille wegen der allgemeinen Wehrpflicht bei uns auch weniger offenkundig auftritt, als z. B. in England, wo die Flottenbemannungsfrage stets die größten Schwierigkeiten macht, so ist er nichtsdestoweniger auch bei uns vorhanden ...

Von Matrosen existieren 4 Klassen in der Marine, die verschiedene Löhnung erhalten. Als Matrose IV. Klasse wird der dienstpflichtige Seemann oder Seefischer eingestellt, welcher noch nicht zwei volle Jahre zur See gefahren hat: seine Löhnung beträgt monatlich 3 Thlr. Diese Klasse überspringen die Schiffsjungen, wenn sie das Institut verlassen und werden gleich zu Matrosen III. Klasse mit 6 Thlrn. Monatsgehalt befördert. Ebenso werden alle ersatzpflichtigen Seeleute, die eine Fahrzeit von mehr als zwei Jahren nachweisen können, als Matrosen III. Klasse eingestellt. Nach zweijähriger Dienstzeit kann der Matrose III. Klasse zur II. Klasse mit 8 Thlr. Gehalt befördert werden, wenn seine fachliche Tüchtigkeit dies Avancement rechtfertigt. Nach abermals zwei Jahren – ausnahmsweise auch schon früher – wird der Matrose I. Klasse erreicht ... Der Matrose I. Klasse erhält eine Löhnung von 10 Thlr; dazu treten noch wie bei den Unterofficieren die Kleidergelder ...

Die Uniform des Matrosencorps ist ebenso praktisch als kleidsam. Der gewöhnliche Dienstanzug besteht aus einem blauwollenen Hemde, je nach dem Klima aus Tuch oder starken Leinwandhosen, einer wollenen gewirkten Mütze ohne Schirm, und Schuhen. Zur Schonung des Hemdes wird bei der Arbeit eine weiße Leinwandblouse übergezogen. Außerdem besitzt jeder eine weite und dicke Jacke von Düffel, einen baumwollenen Schal und wollene Unterkleider.

Zum Paradeanzug gehört ein weißes Hemde mit blaugestreiftem Kragen und Aufschlägen, weiße Leinwand- oder blaue Tuchbeinkleider, eine kurze blaue Tuchjacke mit blanken Ankerknöpfen, ein scharzseidenes Halstuch und lackirter niedriger Filzhut mit breitem Rande, der in den Tropen durch einen Strohhut ersetzt wird ...

Von dem Proviant erfordern Hartbrot (Schiffszwieback) und Fleisch den größten Platz ... Um den Mannschaften die der Gesundheit so zuträgliche Abwechslung in Speisen zu geben, wird jetzt die Kombüse (Küche) mit Backofen eingerichtet und zweimal wöchentlich frisches Weichbrot verabreicht. Der Mann bekommt davon $1\frac{1}{4}$ Pfd. pro Tag, von Hartbrot dagegen nur 1 Pfd. ... Von Rindfleisch ist die Ration 1 Pfd., von Schweinefleisch $\frac{1}{2}$ Pfund. Ersteres wird dreimal, letzteres zweimal wöchentlich gegeben, an den beiden andern Tagen präserviertes frisches Fleisch ($\frac{3}{4}$ Pfd.), das ebenso wohlschmeckend, als nothwendig ist, um den durch den beständigen genuß salziger Speisen und getrockneter Hülsenfrüchte leicht eintretenden Scorbut fernzuhalten ...

Von den Hülsenfrüchten bilden Erbsen und Bohnen das Hauptnahrungsmittel der Mannschaften. Außerdem erhalten sie Reis, Graupen und Mehl, letzteres zu Pflaumen und Klößen ...

Außer der Hängematte besteht das Hab und Gut des Kriegsschiffmatrosen in einem Kleidersack, in dem er seine Uniform und sonstiges Eigenthum aufbewahrt, das allerdings nicht voluminös sein darf, weil der von Segeltuch gefertigte Sack nur einen Cylinder von 28 Zoll Höhe und 17 Zoll Durchmesser bildet. Endlich ist jedem Mann noch ein kleines Kästchen von 14 Zoll Länge, 9 Zoll Breite und eben so viel Höhe bewilligt, in dem er zerbrechliche oder besonders werthgeschätzte Sachen, wie Briefschaften, Uhr u. s. w. verwahren kann ...

An einer jeden solchen Back essen 8–10 Mann, aber sie werden nur während der Tischzeit aufgeschlagen. Sonst befestigt man sie unmittelbar unter dem Zwischendecksbalken, um die freie Bewegung nicht zu stören. Dasselbe geschieht mit den Bänken, auf denen die Leute bei Tisch sitzen ...»

Was man in derartigen Darstellungen nicht findet ist, daß die Behandlung der Besatzungen, um es vorsichtig zu formulieren, zeitentsprechend rauh war. Der 1883 in die Marine eingetretene Ludwig Persius schrieb später hinsichtlich dieser Frage über die Zeit vor der Jahrhundertwende:

«In den achtziger Jahren, als ich in die Kaiserliche Marine eintrat, waren die Maßnahmen, die für die Aufrechterhaltung der Manneszucht getroffen wurden, in gewisser Hinsicht rigoroser als später, obwohl das kameradschaftliche Verhältnis zwischen Offizier und Matrose früher inniger war. Früher regierte der Stock – es muß bekannt werden – in ausgedehntem Maß, aber seine Handhabung, so verwerflich und verkehrt sie an und für sich war, wurde mehr ‹naiv, mit väterlicher Liebe› betrieben. Die Strafen, die Bemühungen, bessernd auf die Mannschaften einzuwirken, waren urwüchsiger ...

Ich kam als Unterleutnant zunächst zur Matrosendivision und exerzierte Rekruten. Fischern aus Ostfriesland und der Kassubei die Seebeine gerade zu recken, war ein Kunststück. Was wurde geprügelt, mußte auf höheren Befehl geprügelt werden! Schon als Seekadett bekundete man seinen Diensteifer am schlagendsten, wenn man rechts und links mit dem Tauende Hiebe austeilte. Wie viele Knüttel zerbrachen auf dem Rücken der Leute beim Exerzieren!

Ein Jahrzehnt später waren die Verhältnisse von Grund auf geändert. Die Vorgesetzten hüteten sich, die Hand gegen den Untergebenen zu erheben, zu liberal mit ‹Kosenamen› umzugehen. Wohlverstanden ist das in der Allgemeinheit aufzufassen. Ausnahmen, böse Ausnahmen gabs reichlich. Unteroffiziere malträtierten Matrosen und Heizer oft fürchterlich. Aber wenigstens öffentlich nahm sich jeder Vorgesetzte in acht. Die Ausmerzung des Stocks verdankt die Marine der sozialdemokratischen Reichstagspartei. Ihren nicht endenwollenden Bemühungen gelang es, den Augiasstall einigermaßen auszukehren. Die Vorstellungen, man sollte doch die Ehrenpflicht, die die allgemeine Dienstpflicht jedem Deutschen auferlegt, nicht verunglimpfen durch Prügeleien, waren endlich vom Erfolg gekrönt. Im Kreise vernünftiger Kameraden habe ich häufig das Prügelthema besprochen. Wir freuten uns über den Mut der Sozialdemokraten, wunderten uns, daß die Konservativen, die doch die Berufenen gewesen wären, hier für Besserung zu sorgen, nicht daran dachten, ihre Stimmen zu erheben ...»

Entsprechend den seestrategischen Vorstellungen des Flottengründungsplanes bestanden die Schiffe der norddeutschen Bundesmarine und auch die der gerade gebildeten Kaiserlichen Marine aus drei Hauptklassen, den Panzerfregatten zum Kampf gegen einen Gegner zur See, den Kanonenbooten zur Küstenverteidigung sowie den gedeckten Korvetten für den Übersee-Einsatz. Das Problem bestand darin, daß die deutsche Industrie und die Werften erst am Beginn ihrer Entwicklung standen. Sie konnten den Neuerungen, die sich in den 50er und 60er Jahren des 19. Jahrhunderts beim Bau von Schiffen und Geschützen vollzogen hatten, nur schwer folgen. Das größte, auf einer preußischen Werft gebaute Kriegsschiff war die im November 1851 in Danzig von Stapel gelaufene Radkorvette «Danzig». Dem 1920 t verdrängenden Schiff lag ein Entwurf der britischen Schiffs- und Maschinenbaufirma Robinson & Russel zu Grunde. Doch der Ausbau neuer Werften in Kiel und Wilhelmshaven sowie der private Schiffbau machten rasche Fortschritte. Bereits 1872 wurde letztmalig der Bau eines Panzerschiffes für die deutsche Marine ins Ausland vergeben.

Schwieriger war es, auf Grund der zahlreichen technischen Neuerungen und der fortlaufenden Innovation im Schiffbau wie in der Waffenproduktion ein klares Bild von der sich schließlich durchsetzenden Grundlinie der Marinenentwicklung zu gewinnen. Hinzu kam, daß – wie in anderen Marinen so auch in der jungen deutschen Flotte – ein gewisses konservatives Verhältnis der Seeoffiziere zur Technik bestand. Während Wissenschaftler, Konstrukteure und Erfinder immer neue bzw. verbesserte Anlagen, Verfahren, Materialien und anderes vorlegten, verharrte der entscheidende Teil der Offiziere im Segelschiffsdenken. Das machen die damals verbreiteten Bücher über die Marinen deutlich. So das seinerzeit bekannte Werk: «Die Marine. Eine gemeinfassliche Darstellung des gesammten Seewesens für die Gebildeten aller Stände, von Weiland Rudolf Brommy und Heinrich von Littrow, dritte unter Berücksichtigung der Fortschritte der Gegenwart neu bearbeitete und vermehrte Auflage von Ferdinand Reichsritter von Kronenfels, Wien, Pest, Leipzig 1878». Hier wird, obwohl im Vorwort betont wird, daß in den dreißig Jahren seit dem Erscheinen der ersten Auflage «eine zweimalige Umwandlung des gesamten Flottenmaterials – von der Segel- zur Dampfflotte und von der Holz- zur Eisenflotte – stattfand», dem Segel nahezu die gleiche Aufmerksamkeit geschenkt wie dem Dampf. Bei der Darstellung einer Seeschlacht werden Enterer, mit Säbel, Pistole und Enterbell ausgerüstet, beschworen.

Die vier Schiffe der deutschen Panzerschiffsflotte des Jahres 1870 repräsentierten drei verschiedene Bausysteme, wozu der bereits zitierte Reinhold Werner feststellt, daß wir «darin verhältnismäßig nicht schlimmer daran (sind), als andere Nationen. England besitzt in seiner Panzerflotte kaum zwei Fahrzeuge nach demselben Modell ...» Leicht resigniert kommt er schließlich zu dem Schluß: «Auch für unsere Marine wird es bei dem fortdauernden Kampfe zwischen Panzer und Kanone nicht möglich sein, einen festen Plan für den Bau der Schiffe aufzustellen oder festzuhalten. Jedes der letztern wird vorläufig ein Experiment bleiben müssen, dabei aber als Grundbedingung die Aufgabe hinzustellen sein, die Panzerfahrzeuge so widerstandsfähig und schnell als möglich zu machen und sie mit Geschützen zu armiren, welche die größte Percussionskraft entwickeln.»

Die Panzerkorvette «Hansa», das erste neue Schiff nach rein deutschen Plänen in Danzig gebaut, blieb zunächst Ausnahme. Die außerordentlich lange Bauzeit, 1868 Kiellegung, 1872 Stapellauf und 1875 Indienststellung, macht die Probleme der Werft, die sich selber noch im Bauzustand befand, deutlich. Die Panzerschiffe ausnahmslos und einige Korvetten bzw. Fregatten stammten von französischen und insbesondere von britischen Werften. Preußen und das Kaiserliche Deutschland, in den 60er Jahren des vorigen Jahrhunderts ein schiffbauliches Entwicklungsland, das die Mehrzahl seiner Schiffe im Ausland bezog und wegen fehlender eigener Reparaturkapazitäten dort auch warten und umbauen lassen mußte, stießen hierbei an ihre technisch-industriellen Grenzen. Das änderte sich doch bereits seit Beginn der 70er Jahre. Zunächst bei der Geschützherstellung, wo die Firma Krupp seit 1867/68 Geschütze zu liefern begann und schließlich einer der Hauptlieferanten der Marine wurde. Nach der erwähnten Vergabe der Kaiser-Klasse («Kaiser» und «Deutschland») wurden bis auf wenige Torpedoboote alle Schiffe der Kaiserlichen Marine im Inland gebaut. Neue Werftnamen wie Germania Kiel, A. G. Weser, Vulcan Stettin traten in das Blickfeld der Öffentlichkeit, die von ihnen gebauten Schiffe standen in ihrer Qualität denen ausländischer Unternehmen bald in nichts nach.

Der Übersee-Einsatz der Flotte bestimmte den weiteren Aufbau der seit 1871 Kaiserlichen Marine sowie deren Zusammensetzung und Ausbildung. Das älteste im Bestand des Kriegsschiffbauamtes gefundene Dokument (siehe Bildteil), die Mobilmachungsinstruktionen des Jahres 1871, verdeutlicht das Gewicht der Schiffe im Übersee-Einsatz.

Im Gegensatz zum Heer war die Marine laut Verfassung eine Reichsinstitution unter dem Oberbefehl des Kaisers. Mit der «Allerhöchsten Kabinetts Ordre» vom 15. Juni 1871 wurde ein selbständiges Marineministerium geschaffen, bis dahin gehörte die Marineführung zum Kriegsministerium, und vom 1. Januar 1872 als Kaiserliche Admiralität eigenständig. Die Führung der Marine übernahm ein Heeresgeneral, Generalleutnant Albrecht von Stosch. Im November des Jahres 1872 legte Stosch einen modifizierten Flottenaufbauplan vor, der auf den bereits erwähnten Vorläufern aus den 60er Jahren beruhte. Es blieb bei der dreigeteilten Aufgabenstellung, die jedoch, ausgehend von der neuen Mächtekonstellation nach dem Deutsch-Französischen Krieg, modifiziert wurde. Vorne an stand der «Schutz und die Förderung deutscher Handelsinteressen» in Übersee, dabei ging Stosch zugleich von einer möglichen Auseinandersetzung mit Frankreich aus. Für diesen Fall sah er als Aufgabe der Marine die «bewegliche Küstenverteidigung» an, die von einer gepanzerten Komponente, Panzerfregatten, -korvetten, -kanonenbooten und -batterien, gewährleistet werden sollte. In welchem Maße weiterhin der überseeische Einsatz im Vordergrund stand, zeigt, daß diesen rund 23 Fahrzeugen für den Krieg in europäischen Gewässern – hierbei erschienen zum ersten Male auch 28 Torpedofahrzeuge – 44 Schiffe (Kreuzer, Avisos und Kanonenboote) für den Einsatz in Übersee gegenüberstanden. Selbstverständlich gab es hier einen Bezug zu möglichen Kriegen in Europa, denn diese Kriegsschiffe sollten in entsprechendem Falle gegen den Handel des Gegners eingesetzt werden. Doch vor allem und in erster Linie standen sie zum Einsatz in den unabhängigen Staaten Mittel- und Südamerikas, an Afrikas Küsten sowie in Asien zur Verfügung. Zu keiner Zeit hatte der Auslandsdienst der deutschen Marine einen derartigen Umfang wie in der Ära Stosch. Nach Willi A. Boelcke befanden sich in den Jahren zwischen 1870 und 1887 zwei Panzerschiffe, acht Kreuzerfregatten, acht Kreuzerkorvetten, vier Kreuzer, fünf Kanonenboote, drei Avisos, vier Schulschiffe und drei Schiffe zu besonderen Zwecken (soweit sie noch 1887 zur aktiven Flotte gehörten) im Auslandseinsatz. Der im damaligen Seeoffizierskorps nicht unumstrittene Stosch, er führte in die Marine den straffen Dienstbetrieb des preußischen Heeres ein und errang dadurch nicht die Bewunderung der Seeoffiziere, gehörte zu den Förderern des deutschen Schiffbaues. In seiner Amtszeit wurden Stumm-Halberg in Dillingen und Krupp in Essen zu den wichtigsten Lieferanten der Marine. Am Ende der «Ära Stosch» 1883, war die deutsche Marine, nach der Englands und Frankreichs die drittstärkste der Welt. Liefen 1871/72 jährlich zwei bis drei Kriegsschiffe von Stapel, so waren es zehn Jahre später, Torpedoboote nicht mitgerechnet, fünf bis sechs. (Willi A. Boelcke, a. a. O. S. 20)

Den militärischen Überlegungen der Flotten-Gründungspläne folgend, bestimmten das Bild der deutschen Seemacht in diesen Jahren Schiffe für den Auslandseinsatz. Sie erfüllten ihren Zweck in Übersee gegen Staaten, die kaum oder nur unmoderne Schiffe hatten, in «Polizeieinsätzen» gegen afrikanische Küstengebiete oder Inselterritorien im Pazifik sowie in Ostasien. Neben dem Schraubenantrieb hatten sie in der Regel immer noch Takelage, um sich in den fernen Seegebieten möglichst lange und notfalls auch bei Ausfall der Maschine fortbewegen zu können. Nur schwach bzw. ungepanzert und mäßig bewaffnet hätten sie in einem Krieg mit einem ebenbürtigen Gegner für eine Seeschlacht wenig getaugt. Die Panzerschiffsflotte als Kern der deutschen Marine hatte die Aufgabe, durch das ihr innewohnende «Offensivvermögen» die deutschen Küsten zu schützen und gegen gleichwertige Gegner angriffsweise vorzugehen. Im Ergebnis mehrerer auf den deutschen Kriegsschiffbau wirkender Faktoren, so der allgemeinen Unsicherheit über die technische Entwicklung, der Unerfahrenheit der deutschen Konstrukteure, aber auch der finanziellen Beschränkungen durch den Reichstag, waren die einzelnen Serien der Panzerschiffe von unterschiedlichem Wert. «Keine dieser Klassen schnitt im Vergleich mit den britischen Gegenspielern günstig ab. Erst als auch die Deutschen Dreadnoughts bauten, entwarfen deutsche Konstrukteure in der kurzen, aber brillanten Periode ihres Schaffens eine Reihe vortrefflicher, weltweit überlegener Großkampfschiffe.» (Kriegsschiffe der Welt 1860 bis 1905, Hrg. von R. Chesneau und E. M. Kolesnik, Bd. 1 Großbritannien und Deutschland, Koblenz 1983, S. 208)

Tirpitz, der Stosch verehrte, wenn auch nicht für alle seine Maßnahmen Verständnis zeigte, schrieb später über dessen Wirken:

«Die alte preußische Marine hatte in den zwölfjährigen Mannschaften – long service men – ein Personal besessen, wie wir es nie wieder bekommen haben. Stosch führte die 3jährige, richtiger 2½jährige Dienstzeit schroffer durch, als es für die Seefahrt gut war ... Es wurde zu viel befohlen und zu wenig gefragt, und so brachte der Untergang des ‹Großen Kurfürsten› im Jahre 1878, der z. T. durch diese Landmilitarisierung der Marine verschuldet war, die Kritik stürmisch an die Oberfläche ... Wie sehr Stosch vom landmilitärischen Standpunkt ausging, zeigt auch der Flottengründungsplan, den er bei Übernahme seines Amtes aufstellte. Seine Schiffsbaupolitik bezweckte als Kern eine kleine, konzentriert zu haltende Ausfallflotte – der ‹Ausfall› war ein Landbegriff –, während die übrigen Schiffe sich auf die ganze Küste verteilen sollten als eine Art Besatzungstruppe nach der See zu ...

Waren so die Anfänge der Reichsmarine durch das überragende Prestige der Armee eigentümlich verzögert, so eilte Stosch, wie ich schon erwähnte, seiner Zeit voraus durch die Energie, mit welcher er unsre durch die Jahrhunderte vernachlässigte Seegeltung vorantrieb. Der Besetzung der Auslandstationen durch Kreuzer hat Stosch großen Wert beigelegt, für seine Zeit mit Recht. Denn die staatlichen Verhältnisse etwa in den südamerikanischen

Staaten, in China oder Japan waren noch nicht so entwickelt, daß diplomatische oder konsularische Verhandlungen immer genügten; die tatsächliche Macht an Ort und Stelle gab den Ausschlag.

Schon in den siebziger Jahren war Stosch der Überzeugung, daß wir Kolonien erwerben müßten und ohne Ausbreitung nicht dauernd bestehen könnten. Er sah die Blüte des jungen Reiches für rasch vergänglich an, wenn wir nicht die entscheidende Ungunst unserer Lage und Geschichte in letzter Stunde über See ausglichen. Wir hätten damals leichter und günstiger zu Kolonien gelangen können, als es später der Fall war. Auch abgesehen von kolonialen Hoffnungen durchdrang die Marine ein weltwirtschaftlicher Wissenstrieb, um so mehr, als die Nachrichtensammlung durch Berufskonsuln erst schwach entwickelt war ...

Im ganzen hat Stosch Großes geleistet. Er nahm den abgerissenen Faden der Hansa auf und tastete sich als erster wieder in eine deutsche Zukunft über See hinein.»

Den im März 1883 zurücktretenden Stosch löste erneut ein Landoffizier, Generalleutnant Leo Graf v. Caprivi, ab. Caprivi, überzeugt von einem baldigen Zweifrontenkrieg gegen Frankreich und Rußland, sah die Hauptaufgabe der Flotte zwar in einer Seeschlacht, jedoch aus Zeit- und Geldgründen hielt er den Ausbau einer starken Küstenverteidigung für vorrangig. Dem kam insbesondere eine marinetechnische Neuheit entgegen, die seit den siebziger Jahren in den Flotten alle bisherigen Erfahrungen auf den Kopf zu stellen schien.

Der von dem in österreichischen Diensten stehenden englischen Ingenieur Robert Whitehead nach einer Idee des österreichischen Marineoffiziers Luppis entwickelte Torpedo mit Eigenantrieb entwertete über Nacht – so die extremste Auffassung – die unbeholfenen Panzerschiffe. Relativ billige, leicht in großen Stückzahlen zu bauende, schnelle und wenige Torpedoboote würden, gegen die ungeschützten Unterwasserteile der Panzerschiffe eingesetzt, diese völlig entwerten. Tirpitz, damals Kapitänleutnant, wurde am 1. Januar 1877 Referent in der «Torpedoversuchs- und Prüfungskommission» der deutschen Marine. Seiner Hartnäckigkeit war es zu verdanken, daß im Laufe der folgenden Jahre die Kaiserliche Marine einen brauchbaren Torpedo bekam. Er war es auch, der mit dem Besitzer der Schichau-Werft in Elbing, Carl H. Ziese, den Bau von 100 t großer hochseefähiger Boote für den Torpedoeinsatz vereinbarte. Mit diesen Fahrzeugen, die eine über den engen Küstenbereich hinaus einsetzbare offensive Komponente darstellten, schien es möglich, die seekriegsstrategischen Vorstellungen Caprivis leichter und schneller zu realisieren. Mit ihrem Erscheinen in der Flotte begann, von Tirpitz aktiv vorangetrieben, die systematische Beschäftigung mit taktischen Fragen in der Kaiserlichen Marine. Die sich anbahnenden Veränderungen macht ein 1887 in der Admiralität entstandener Operationsplan für die Eröffnungsphase eines Krieges gegen Frankreich deutlich. Danach sollte die französische Nordflotte durch einen überraschenden Torpedoangriff in Cherbourg geschwächt und durch eine Beschießung von Calais durch die Panzerschiffe zum Vorgehen gegen die deutsche Nordseeküste provoziert werden. Hier hätte die deutsche Flotte, begünstigt durch die Nähe der eigenen Stützpunkte, die Chance, den französischen Gegner zu schlagen.

Obwohl sich einige Grundvorstellungen dieses Planes bis in den Ersten Weltkrieg hinein verfolgen lassen, stand er bereits 1887 im schroffen Gegensatz zur Realität. Seit 1884 war kein großes Panzerschiff mehr auf Stapel gelegt worden. Insgesamt war die Kaiserliche Marine im Vergleich zu den übrigen Seemächten auf den sechsten Rang zurückgefallen. Sie bestand 1888 aus 13 veralteten Panzerschiffen, acht Kreuzerfregatten, zehn Kreuzerkorvetten 14 Küstenpanzern, fünf Kreuzern bzw. Kanonenbooten, zehn Schulschiffen sowie aus neun kleineren Fahrzeugen. Die Personalstärke betrug 15 480 Mann, davon 534 Seeoffiziere. Eine Denkschrift zum Marineetat für das Rechnungsjahr charakterisierte den Zustand mit den Worten, die Schlachtflotte bestünde in der Masse «aus noch brauchbaren, aber nicht mehr zeitgemäßen Schiffen, deren Minderwertigkeit in demselben Maße zunimmt, wie andere Nationen auf dem Gebiet des Baus von Schlachtschiffen fortschreiten». (Zit. nach B. Kaulisch, Alfred von Tirpitz, Berlin 1982, S. 44)

Dennoch waren es gerade jene Jahre, die das Bild

der Marine romantisierten und verklärten. Lange Seereisen zu exotischen Ländern, tropische Vegetation, Abenteuer, Kampf mit der Natur und für den damaligen Europäer «wilden» Völkern waren zeitgemäße Träume, deren Realisierung die Flotte bot. Selbst der erwähnte Ludwig Persius, ein herber Kritiker der Kaiserlichen Marine unter Tirpitz, hebt diese Jahre von der Ära Tirpitz ab:

«So lange Stosch, Caprivi und Hollmann die Zügel der Kriegsmarine in der Hand hielten, führte unsere Flotte ein jedem Offizier und Matrosen sympathisches Dasein – niemanden zu Leide, jedem zur Freude. Selbstverständlich wurde in den Messen auch zuweilen das Thema ‹Krieg› behandelt. Manch junger Seeoffizier sehnte sich nach dem schwarz-weißen Band im Knopfloch. Aber man dachte stets nur an Kämpfe mit Negern, Südseeinsulanern und dergleichen …

Erst unter Wilhelm II. und Tirpitz zog der Kriegsgeist in die Flotte ein, der schließlich ausartete bis zu den Feiern, bei denen schon der Sieg über den britischen Löwen mit Sekt begossen wurde …

Als ich in die Marine eintrat, d. h. Anfang der achtziger Jahre, galt die Flotte nur als Sommerwaffe, d. h. nur in den Monaten April bis September wurden Schiffe in größerer Zahl in Dienst gehalten. Im Winter besuchten die Seeoffiziere und Mannschaften Schulen, die Marineakademie, die Deckoffiziersschulen usw., oder es wurden Mannschaften in den Landdivisionen infanteristisch ausgebildet. Zwei Wachtschiffe in Kiel und Wilhelmshaven machten die heimischen Seestreitkräfte aus. Ferner wurden noch einige Schulschiffe, wie das Torpedo-, das Artillerie- und das Minenschulschiff in Dienst behalten. Sonst gab es nur noch die in den ausländischen Gewässern umherfahrenden Kreuzer und Kanonenboote. Im April hißte das Panzergeschwader Flagge und Wimpel. Es bestand aus vier Einheiten. Diese Schiffe übten in der Nord- und Ostsee. Einige taktische Manöver, Schießen mit Geschützen und Torpedos war die Hauptbeschäftigung …

Bis zu meinem Jahrgang, dem 1883, gab es für jeden Seekadetten eine Weltumsegelung, und die Schiffsjungen fuhren nach Südamerika, Westindien und Nordamerika. Nahezu in jeder Charge waren Offiziere und Leute einmal ins Ausland kommandiert. Nur Drückeberger, d. h. zu stark Verheiratete, zogen es vor, sich in Berlin bei der Admiralität einen Schreiberposten zu besorgen. Der echte Seeoffizier wünschte sich, drängte sich ins Ausland. Er entbehrte gern die Genüsse der Heimat, die frischen Semmeln zum Kaffee am Morgen usw. Er wollte seine Kenntnisse im Ausland bereichern. Nur dort, auf den Planken seines Schiffes, führte er ein menschenwürdiges Dasein, daheim meinte er zu versauern. Er ließ sich mit Genuß die frische, kräftige, salzige Brise um die Nase wehen, gleich, ob in nördlichen Regionen oder in den Tropen während des Passat. Das alles wurde anders, als ein Panzerschiff nach dem anderen – herrlichste Tirpitzerzeugnisse – in den Werften zu Kiel, Danzig und Wilhelmshaven auf die Hellinge gelegt wurden. Ein bekannter Marinespottvers lautet:

‹Zwei Knaben zur Marine gehen,
Sie wollten fremde Länder sehen.
Da kamen sie zum Spotte
nur auf die Hochseeflotte.›»

Eine sicherlich überzogene Sicht des ehemaligen Kapitäns, doch macht sie die gravierenden Veränderungen deutlich, die vor allem seit dem Ende der achtziger Jahre – insbesondere seit der Einsetzung des späteren Großadmiral Tirpitz in das Amt des Staatssekretärs des Reichsmarineamtes – und der Thronbesteigung Wilhelm II. vor sich gingen.

Die zweitstärkste Flotte der Welt

Auf dem Weg zur Hochseeflotte

Die Flottenentwicklung in Deutschland, seit dem Ende der achtziger Jahre eng mit dem internationalen Geschehen auf marinespezifischem Gebiet verbunden, hatte dennoch ihre besonderen deutschen Züge.

Etwa zu diesem Zeitpunkt fand die Experimentierphase in den Marinen ihren Abschluß. Wie die Entwicklungen auf einzelnen Gebieten der Technik hatten der Kriegsschiffbau und die Waffen des Seekrieges einen gewissen Abschluß erreicht. Die Veränderungen der vergangenen dreißig Jahre hatten den Flotten eine Musterkarte der «Versuchsbauten» hinterlassen, von denen die ersten auf Grund ihres Alters kaum noch einsatzfähig waren. Zugleich erwies sich die geringe militärische Effektivität der neuesten Bauten, die zu keinem homogenen Verband zusammengestellt werden konnten, da selten mehr als zwei gleichartige Schiffe vorhanden waren.

«Die in England in den achtziger Jahren gebauten 14 Schlachtschiffe gehörten acht verschiedenen Typen an, die zwischen 6200 und 12131 t Wasserverdrängung maßen und mit drei verschiedenen Hauptkalibern in vier grundsätzlich verschiedenen Aufstellungsarten versehen waren. Die gleichzeitigen elf französischen Schiffe gehörten sechs Typen zwischen 6487 und 11503 t an und besaßen vier Hauptkaliber bei vier verschiedenen Aufstellungsarten. Nur zwei Schiffe hatten tatsächlich gleiche Eigenschaften. In Rußland gehörten neun Neubauten fünf verschiedenen Typen zwischen 6592 und 10300 t an, die zwei Hauptkaliber in vier verschiedenen Aufstellungsarten besaßen.» (J. Rohwer, Kriegsschiffbau und Flottengesetze um die Jahrhundertwende. In: Schottelius/Deist, Marine und Marinepolitik, Düsseldorf 1972)

J. Rohwer berichtet ferner, daß die englische Admiralität gezwungen sei, im Zusammenhang mit der englisch-russischen Krise 1884/85 ein Geschwader aufzustellen, das aus 12 verschiedenen Panzerschiffen und 21 unterschiedlichen Kreuzern, Kanonenbooten sowie anderen Fahrzeugen besteht. In Deutschland, wo seit 1884 kein großes Schiff mehr auf Kiel gelegt worden war, sah es in dieser Hinsicht naturgemäß nicht besser aus. Die Flottenliste enthielt 1890 12 Panzerschiffe und 27 Schiffe vorwiegend für den Auslandeinsatz sowie 77 der neuen Torpedoboote. Das Einzelschiff «Oldenburg» wurde 1883 auf Kiel gelegt, aber erst 1888 folgte mit dem ersten Schiff der «Siegfried»-Klasse ein neues sogenanntes Küstenpanzerschiff. Die Panzerschiffe verdrängten zwischen rund 5000 und 10000 t, ihre Hauptkaliber variierten von 21 bis 26 cm.

Technisch gesehen war eine Änderung dieses für die Marineführungen unbefriedigenden Zustandes möglich und lag bereits in der Luft. In England gaben die Manöver des Jahres 1888 den Anstoß zum Bau von Schiffen mit gleichen technischen und taktischen Eigenschaften, eben einer homogenen Flotte, die, bestehend aus Divisionen von drei bis vier Fahrzeugen, die optimale Ausnutzung der Kampfkraft des Einzelschiffes versprach. Dieser gleichen Erkenntnis eiferten die Marinen der übrigen europäischen Mächte nach.

Als erste Seemacht legte Großbritannien mit dem «Naval Defence Act» vom 7. März 1889 den Grundstein für die neue Entwicklung. Es folgten die Jahrzehnte der Flottenprogramme, auch bei den übrigen Seemächten. Da die gleichartigen Schiffe nicht während eines Etatjahres gebaut werden konnten, ließen sich die Marineführungen die dafür benötigten Mittel nicht mehr für einen Etat, sondern für die Zeit eines bestimmten Programmes bewilligen.

In Deutschland verzögerte sich die Veränderung der Flotte in diese Richtung bis in die neunziger Jahre, wenn auch notwendige gesellschaftliche und personelle Vorbedingungen für den verstärkten Schlachtschiffsbau bereits Ende der achtziger Jahre entstanden. Zu den Faktoren, die Bild, Struktur, Ausbildung und Schiffe der Kaiserlichen Marine beeinflußten, gehörte die Marinebegeisterung des jungen Wilhelm II. Um auf die Flotte direkten Einfluß nehmen zu können, wurde bald nach seiner Thronbesteigung die Führung in das Oberkommando, das Reichsmarineamt und das Reichsmarinekabinett gegliedert. Immer prägender erwies sich auch das Wirken des 1849 in Küstrin geborenen Alfred Tirpitz. Noch als junger Unterleutnant hatte er, unter dem Eindruck des Deutsch-Französischen Krieges in einem Brief an seinen Vater den Bau einer Flotte von Panzerschiffen gefordert, da nur sie imstande sei, die Blockade deutscher Häfen und Angriffe auf Küstenstädte zu verhindern und eine erfolgreiche Seeschlacht zu schlagen, in deren Ergebnis die gegnerische Küste angegriffen werden könnte:

«Wenn wir blockiert werden, so würde es unter allen Umständen zu einer wirklichen, ernsthaften Schlacht kommen. Sind wir auch nur annähernd gleicher Stärke, so werden wir uns bei ungünstigem Gefecht stets auf unsere Befestigungen zurückziehen können. Benutzen wir aber den richtigen Augenblick und schlagen den Gegner, so wird auch sein Gros vernichtet werden. Unsere schnellen Panzer zwingen fortwährend den entweichenden Gegner zum Gefecht und halten ihn auf, bis das Gros zur Stelle ist, und hat die eine Partei in einem Seekampf erst die Oberhand, so geht's mit der anderen in Potenzen bergab. Der Zweck der Seeschlacht ist nicht der Gewinn von Terrain, sondern Vernichtung des Gegners. Vernichten wir auf diese Weise das Offensivgeschwader des Feindes, so können wir in unseren nahen Häfen uns schnell reparieren und gegen die feindlichen Küsten vorgehen, die dann ihrer Hauptoffensivflotte beraubt sind und für Schiffsangriffe meist nicht so ungünstige Terrainverhältnisse bieten wie Deutschland.» (Zit. nach B. Kaulisch, S. 22 f.)

Bemerkenswert diese Grundgedanken des damals zweiundzwanzigjährigen Unterleutnants. Tirpitz gelang es, seine Ideen, die er in den folgenden Jahren ausbaute, schließlich an führender Stelle in der Kaiserlichen Marine durchzusetzen.

In den kommenden Jahren machte sich Tirpitz einen Namen bei der Entwicklung der Torpedobootswaffe, bei deren Erprobung er die systematische Beschäftigung mit taktischen Fragen durchsetzte. Mit seiner Arbeit auf dem Gebiet des Torpedowesens errang sich Tirpitz eine geistige Führungsstellung innerhalb der Marine, und mit der Ernennung zum Chef des Stabes im Oberkommando der Marine 1891 und damit auch zum Chef des Stabes der Herbstübungsflotte gelangte er innerhalb der Hierarchie der Kaiserlichen Marine weit nach oben. In dieser Funktion erarbeitete er die Grundlagen für die taktische Verwendung und den Einsatz der Flotte, die als Dienstschrift IX in die Geschichte eingegangen sind. Die Grundgedanken der Dienstschrift, die für Marineoffiziere Pflichtlektüre war und die Basis der späteren Flottengesetze wurde, bestanden in den Feststellungen, daß die natürliche Bestimmung eines Kriegsschiffes und der Flotte die Offensive sei, da sie in einer Schlacht die höchste Wirkung auf den Gegner zeitigte. Hervorzuheben sei weiter die Idee des Geschwaderkrieges, als die wirkungsvollste Form der Flottenoffensive, und die der «rangierten Massenschlacht», die die Hauptentscheidung bringe. Weniger ausgereift waren diese Gedanken bereits in dem erwähnten Brief des jungen Seeoffiziers an seinen Vater aus dem Jahre 1871 enthalten. An Schiffen fordert die Dienstschrift neben einem Flottenflaggschiff 16 Linienschiffe, d. h. zwei Geschwader zu je acht Fahrzeugen, sechs Panzer- und zwölf Kleine Kreuzer für Aufklärungs- und Sicherungszwecke sowie sechs

Torpedobootsflottillen. Weiter wird eine nicht näher bestimmte Materialreserve verlangt.

Ohne die Wirksamkeit der Tirpitzschen Gedanken, das Marineinteresse Wilhelm II. und die technischen Vorbedingungen zu unterschätzen, muß man vor allem die gesellschaftliche Situation in Deutschland wie auch die internationale Entwicklung als Faktoren hinzurechnen, die den Flottenbau begünstigten. Auf marinespezifischem Gebiet kam der neue Zeitgeist am deutlichsten in dem bekannten Werk des Amerikaners Mahan «Der Einfluß der Seemacht auf die Geschichte, 1660–1783» zum Ausdruck. In Deutschland gab die Einengung des «Entwicklungsspielraums der deutschen Industrie» durch das Ende des Freihandels, in dem Augenblick, als seit 1895/96 eine wirtschaftliche Aufschwungphase einsetzte, «dem deutschen Expansionsdrang neue Impulse. Von der Abschließung durch andere Nationen bedroht, lag es nahe, daß sich gerade das wirtschaftlich engagierte Bürgertum auf die Suche nach einem Machtinstrument begab, mit dem die Türen zu überseeischen Märkten unter Pressionen und notfalls sogar mit Gewalt geöffnet werden könnten. Dieses Instrument bot sich in Form einer großen Flotte an, deren Bau seit der Jahrhundertwende vor allem in Handels- und Schiffbaukreisen als ein Allheilmittel wirtschaftspolitischer Schwierigkeiten galt.» (V. R. Berghahn, Der Tirpitz-Plan, Düsseldorf 1971, S. 17f.) Die hier genannten Faktoren forcierten den Übergang zum Aufbau einer Schlachtflotte, die sich in ihrer Aufgabenstellung stark von der der vorhergehenden Jahrzehnte unterscheiden sollte. Hierüber noch einmal Persius:

«Seit der Jahrhundertwende war ein Auslandskommando eine Seltenheit. Der bei weitem größere Teil des gesamten Personals war auf den heimischen Gefechtsverbänden eingeschifft. Auf ihnen wurde unablässig für den Krieg gedrillt. Das schöne Auslandskommando, das für jeden älteren Seeoffizier, der Kommandant wurde, die Erfüllung seiner Jugendträume, seines jahrzehntelangen Sehnens war, blieb nur auf wenige beschränkt. Die Selbständigkeit, deren sich ein Kommandant im Ausland erfreute, gab es in der Heimat nicht. Hier, so hieß es, findet man als Kommandant lediglich Verwendung als Dampfdroschkenkutscher, der hinter dem Admiral herzufahren hat. Dauernd wurde der Kommandant vom Geschwaderadmiral beobachtet und dieser vom Flottenadmiral.»

Zunächst blieben jedoch die Veränderungen in der Flotte des Reiches bescheiden. Mit der Kiellegung der ersten Schiffe der «Brandenburg»-Klasse 1890 begann zwar auch in Deutschland der Übergang zu einer homogenen Flotte, die Zeit der großen Flottenprogramme aber war noch nicht angebrochen. Dazu beigetragen hatte nicht zuletzt der Umstand, daß der marineinteressierte Kaiser anfänglich dem Bau von Auslandskreuzern zuneigte, deren Fehlen beklagt wurde. Ebenfalls seine Wirkung zeigte der seestrategische Gegenpol zu den Auffassungen Mahans und Tirpitz' über die Schlacht und Schlachtflotte, die «Jeune Ecole» der Franzosen, die das Hauptgewicht auf den Einsatz von Handelskriegskreuzern legte. Tirpitz, der sich mit seinen Vorstellungen, die er über den Flottenausbau hatte, gegenüber dem Reichsmarineamt nicht durchsetzen konnte, ließ sich im Herbst 1895 in den Flottendienst zurückversetzen. Doch war damit die endgültige Entscheidung noch nicht getroffen.

In einem von ihm beeinflußten Immediatbericht forderte das Oberkommando der Marine im November 1895 eine Flotte, die der französischen Nordflotte und der russischen Ostseeflotte jeweils um 30 Prozent überlegen sein solle, damit sie ihnen mit Erfolg gegenübertreten könnte. Um zugleich den Bedarf an Auslandskreuzern zu befriedigen, forderte der Immediatbericht den Bau von 21 Linienschiffen, drei Panzerkreuzern und 16 Kleinen Kreuzern bis zum Jahre 1908. Tirpitz hierüber befragt, stimmte den Vorstellungen im wesentlichen zu, modifizierte sie jedoch entsprechend seinen eigenen Überlegungen. So strich er den Bau von Auslandskreuzern und verwies auf die Errichtung eines «fliegenden Geschwaders» für den Einsatz in Übersee. Seiner Einsparung von sechs Kleinen Kreuzern stand eine Aufstockung von zwei Linienschiffen als Materialreserve sowie von drei Panzerkreuzern gegenüber, wodurch sich die Kosten von 420 auf 484 Millionen Mark erhöhten. Tirpitz, der sich auch zu anderen Fragen, wie der Art und

Weise des Durchsetzens des Programms im Reichstag und der Propagierung der Seeinteressen Deutschlands öffentlich äußerte, stieß mit seinen Überlegungen bei Wilhelm II. auf großes Interesse. Der marinefreundlicher gewordene Reichstag bewilligte dem derzeitigen Staatssekretär des Reichsmarineamtes, Hollmann, zwar den Etat, doch wagte er nicht, ein Flottengesetz vorzulegen. Danach drängten aber die Flottenenthusiasten, dafür sprachen auch, blickte man zu den übrigen Marinen, die technischen Erfordernisse und die internationale Lage auf dem Gebiet der Marinerüstung. Schließlich berief der Kaiser im Frühjahr 1897 den zögernden Hollmann ab und ernannte Tirpitz zum Staatssekretär. Damit begann eine bis zum Jahre 1916 währende Amtsperiode des in jenem Jahr siebenundvierzigjährigen Konteradmirals, in der er maßgeblich die Kaiserliche Marine formte, sowohl was ihre Stärken als auch ihre Schwächen betraf.

Tirpitz erreichte in acht Monaten, was Hollmann nicht gelungen war. Der Reichstag stimmte im Frühjahr 1898 dem Flottengesetz zu. Somit war es nicht mehr nötig, von Etatjahr zu Etatjahr dessen Einwilligung in dieser Frage einzuholen. Das Ziel des 1. Flottengesetzes war ein Sollbestand bis zum Jahre 1904 von 19 Linienschiffen, acht Küstenpanzerschiffen, sechs Großen und 16 Kleinen Kreuzern. Für die Auslandsflotte waren sechs Große und 14 Kleine Kreuzer vorgesehen. Hierfür machte sich der Neubau von 11 Linienschiffen, fünf Großen Kreuzern und 17 Kleinen Kreuzern erforderlich. Die Personalstärke sollte von 18 138 auf 26 637 Mann erhöht werden. Die Gesamtkosten betrugen eine Milliarde Mark. Gewissermaßen als Honorar für seinen Erfolg bei der Durchsetzung des Flottengesetzes wurde Tirpitz zum preußischen Staatsminister ernannt.

Neben den großen, grundlegenden Problemen beschäftigte man sich in der Marine auch mit weniger spektakulären, doch für das Personal wichtigen Fragen, z. B. welche Bekleidung für die Schiffbesatzungen unter verschiedenen klimatischen Bedingungen am zweckmäßigsten sei. Stabsarzt Dr. Hohenberg zählte in der Marinerundschau 1891 die vorgeschriebenen Bekleidungsstücke auf:

«1 Überzieher aus blauem Tuch,
1 blaue Tuchjacke,
2 Paar blaue Tuchhosen,
2 blaue Hemden,
2 weiße Hemden,
2 weiße Hosen,
2 Arbeitsblusen aus Baumwollstoff,
2 Paar Arbeitshosen » ,
2 wollene Unterhemden,
2 Paar wollene Unterhosen,
2 blaue Tuchmützen,
2 weiße Mützen,
1 wollenes Halstuch,
1 seidenes Tuch,
1 Paar wollene Strümpfe,
1 Paar wollene Handschuhe,
2 Exerzierkragen,
1 Paar lange Stiefel (Seestiefel),
1 Paar Lederschuhe,
1 Paar Segeltuchschuhe,
1 Kleidersack ...

Die Beschaffung der Kleider erfolgt in allen Marinen nach dem sogenannten Massa-System, d. h. durch den Staat auf Kosten des Mannes, welcher ein bestimmtes Kleidergeld empfängt ...

1. Zweckmäßigster Bekleidungsstoff ist vom hygienischen Standpunkte unter allen Umständen die Schafwolle ...

10. Der deutsche Marineflanell ist für die Tropen unzweckmäßig.

11. Das Bloßtragen des Halses ist für warme Klimate sehr vorteilhaft und in unserem Klima auch nicht schädlich und deshalb beizubehalten ...

15. Es ist vorteilhaft, an Land waschen zu lassen ...

17. Das blaue Zeug ist für unser Klima eine zweckmäßige Bekleidung ...

21. Für Landungen in den Tropen eignet sich weder das blaue Zeug noch das Arbeitszeug, vielmehr ist zu diesem Zweck die Einführung eines leichten Anzuges aus blauer Serge notwendig ...

27. Auch in warmen Gegenden ist an Bord eine Fußbekleidung notwendig ...

33. Für Heizer empfiehlt sich die Beschaffung von Holzschuhen und feuersicher imprägnierten Arbeitshosen.

34. Das Pflegepersonal der Schiffslazarette ist mit Oberkleidern aus weißer Leinwand zu versehen.»

An dem Artikel Hohenbergs sind zwei Punkte beachtenswert. Einmal wird deutlich, in welch hohem Maße die damaligen Entwicklungen in der Kaiserlichen Marine später ihre Nachfolger prägten. Zum anderen wird indirekt verständlich, daß der Wehrdienst in jener Zeit eine Art Lebensschule und eine, im Vergleich zu den Alltagsbedingungen großer Kreise des Volkes, soziale Verbesserung darstellte. Auf eine derartige Ausstattung konnte die Mehrzahl der lohnabhängigen Bevölkerung in Deutschland nicht zurückgreifen. Das gleiche gilt für die Unterbringung, die Verpflegung und nicht zuletzt für die ärztliche Betreuung. Vieles, was heute dem Soldaten nicht vorstellbar und nicht zumutbar erscheint, war im ausgehenden 19. Jahrhundert für die Mehrheit des Volkes die Regel.

Mit seinem Erfolg bei der Annahme des 1. Flottengesetzes wurde Tirpitz zur bestimmenden Persönlichkeit in der Marine. Seine Zähigkeit bei der Durchsetzung der Ziele, die Systematik in seiner Arbeit sowie seine Fähigkeit, Gedanken, die er für richtig hielt, in der Öffentlichkeit zu präsentieren, bestimmten in den folgenden Jahren die Marineentwicklung in Deutschland. Dabei stützte er sich mehr auf die neuen Ergebnisse der Technik und Taktik des Seekrieges, als er selbst originäre Ideen einbrachte. In den neunziger Jahren des vorigen Jahrhunderts begann sich die verwirrende Vielfalt der Probleme des Seekrieges zu lichten. Nach der stürmischen Phase der technischen Veränderungen und taktischen Wirren brach ein ruhiger Abschnitt mit relativ geklärten Vorstellungen an. Wenige Haupttypen von Kampfschiffen kristallisierten sich heraus. An der Spitze standen die Schlacht- oder Linienschiffe, stark gepanzert und mit schweren Geschützen bestückt. Es folgten die Großen Kreuzer und die Kleinen Kreuzer, letztere weniger stark bewaffnet, dementsprechend geringer oder kaum gepanzert, jedoch dafür schnell. Hinzu kamen Torpedoboote und zu deren Abwehr entwickelte Torpedokreuzer, die späteren Zerstörer, in der Regel nur in ihrer Summe in Flottenlisten und Etats auftretend. Völlig neu und in Deutschland zunächst wenig beachtet, obwohl in den ausländischen Marinen stark im Gespräch, begann das U-Boot von sich Reden zu machen.

Tirpitz gelang es, sein Reichmarineamt bald zur bestimmenden Marinebehörde auszubauen. Begünstigt durch seine charakterlichen Eigenschaften und der überragenden Position des Staatssekretärs, blieben die von ihm im Oberkommando der Marine und seinen anderen Dienststellungen entwickelten strategischen und taktischen Vorstellungen die alleinigen Grundlagen für den Ausbau der Kaiserlichen Marine. Die somit nicht zu vermeidenden Fehlinterpretationen technischer Neuheiten, wie die Überschätzung des Torpedos und die übervorsichtige Haltung zu den U-Booten, waren die eine Seite. Die andere, die schwerer wog, war der Umstand, daß Tirpitz die Flotte nicht von den «politisch-militärischen Erfordernissen» her aufbaute, sondern vom «technischen Rüstungsstand». Die bereits zitierte Warnung Prinz Adalberts aus dem Jahre 1848 vor dem unbedingten Streben nach Seemacht und Schlachten fand keinen Eingang in die maritimen Überlegungen. Die «Folgerichtigkeit» der Technik schien zu völlig neuen Ufern zu führen. Außenpolitische Belange und strategische Fragen nahmen einen untergeordneten Rang ein.

Zu den Schiffen, die in den ersten Monaten der Amtszeit des neuen Staatssekretärs in Bau gegeben wurden, gehörte der Große Kreuzer «Prinz Heinrich». Hierüber befindet sich in den Akten des Kriegsschiffbauamtes eine Denkschrift des Chefkonstrukteurs vom 3. Juni 1898:

«Nach den früher gepflogenen Verhandlungen sowie besonders nach den Entscheidungen, die in der unter Vorsitz des Herrn Staatssekretärs vom 13. Januar 1898 abgehaltenen Sitzung getroffen wurden, in der auch die Vorentwürfe vorgelegt wurden, sind nunmehr für den ‹großen Kreuzer A› die beifolgenden Pläne ausgearbeitet worden.

Abmessungen. Länge zwischen den Perpendikeln ... 120 m

Größte Breite ... 19,6 m

Mittlerer Tiefgang (Unterkante hölzerner Lobkiel) bei voller Ausrüstung und 950 Tonnen Kohlen ... 7,33 m (gestatteter Tiefgang zum Passieren des Suezkanals 7,5 m)

Deplacement hierbei etwa ... 8880 Tonnen

Bauweise. Der Schiffskörper besteht aus Stahl und erhält einen 200 mm hohen Lobkiel aus Teakholz, sowie auf jeder Seite einen hohen Schlingerkiel ...

Panzerung. In der Wasserlinie ist ein ringsherum laufender Gürtelpanzer aus gehärtetem Stahl auf Teakholzunterlagen vorhanden, der in der Mitte auf 53,4 m Länge 100 mm dick ist; davor und dahinter bis zum Vorsteven und zum Ende des Hecks reichend ist dieser Gürtelpanzer 80 mm dick ... An der Unterkante des Gürtels begrenzt ein Panzerdeck, dessen schräge Seiten unter einem Winkel von etwa 26° nach oben, bis 425 mm über Wasser ansteigen, das oben abschließende horizontale Theil ist 40 mm dick, die schrägen Seiten sind im Bereich von Maschinen und Kessel 50 mm dick ...

Die Geschützthürme für die 4–15 cm S. K. sind von derselben Konstruktion wie auf der ‹Freya-Klasse› und stehen auf der oberen Kasematte, ihre Panzerdicke beträgt zum größten Theil 100 mm, die des hinteren Theils 80 mm ...

Die Geschützthürme der beiden 24 cm S. K. erhalten 150 mm dicken Panzer, ebenso dick sind die Barbetten gepanzert.

Artillerie. Dieselbe setzt sich folgendermaßen zusammen.

Armierung. 2–24 cm S. K. einzeln in Thürmen montiert, die Achse des vorderen Geschützes befindet sich 9,0 m über der Wasserlinie und feuert über die Back, die Achse des hinteren Geschützes liegt 6,7 m über der Wasserlinie und feuert über das Oberdeck nach hinten. Die Bestreichungswinkel betragen bei beiden Geschützen 270°.

4–15 cm S. K. Einzeln in Drehthürmen auf dem Oberdeck stehend, mit 65° + 93° = 158° Bestreichungswinkel. Direktes Bug- und Heckfeuer. Geschützachsen 6,5 m über Wasser.

4–15 cm S. K. in den 4 Erkern der oberen Kasematthen auf dem Batteriedeck, mit je 33° + 93° = 126° Bestreichungswinkel. Direktes Bug- und Heckfeuer.

2–15 cm S. K. in Breitseite in der oberen Kasematthe auf dem Batteriedeck, mit je 100° Bestreichungswinkel. Geschützachsen der sämtlichen Kasematthgeschütze 3,93 m über Wasser.

10–8,8 cm S. K. Dieselben sind nur mit Schilden versehen und stehen nicht hinter Panzer. Sie sind folgendermaßen vertheilt. 4 stehen auf dem Oberdeck. 4 stehen auf dem Aufbaudeck und der Back. 2 stehen auf der oberen vorderen Kommandobrücke.

10–3,7 cm M. K. Von diesen stehen je eine im Mars jedes Mastes, und 8 auf den Laufbrücken über den 15 cm **Geschützthürmen.** 32 Geschütze.

Außerdem sind noch 4–8 mm Maschinengewehre vorhanden, die in den Masten, oder auf den Laufbrücken, oder dem Aufbaudeck aufgestellt werden, sowie die vorschriftsmäßigen Bootskanonen.

Handwaffen. **Munition.** An Munition ist vorhanden

für jede 24	cm S. K.	=	68 Schuß
» » 15	cm »	=	120 Schuß
» » 8,8	» »	=	250 Schuß
» » 3,7	» »	=	1500 Schuß + 150 Platzpatronen

für jede 8 mm M. G. = 10000 scharfe Patronen und 1000 Platzpatronen ...

Torpedoarmierung. Dieselbe besteht, ebenso wie auf den Kreuzern der ‹Freya-Klasse›, aus: 1 Unterwasser-Bugrohr 45 cm Kaliber, 2 Unterwasser Breitseitrohre 45 cm Kaliber ...

Maschinen und Kessel. Das Schiff erhält 3 Schrauben und 3–4 Cylindermaschinen mit 3facher Expansion und voraussichtlich Schlickscher(?)-Ausbalancierung, in 3 voneinander wasserdicht-getrennten Maschinenräumen. Die Gesamtleistung der Maschinen soll etwa 15000 i. PS betragen ...

Geschwindigkeit. Unter der großen Maschinenleistung werden etwa 20,5 Knoten bei der normalen Belastung gemacht werden können ...»

Im «Prinz Heinrich», einem für den Auslandseinsatz gebauten Panzerkreuzer, verdeutlicht sich der Abschluß einer Entwicklung im internationalen Rahmen, der die Kaiserliche Marine folgte. Rückgrat der Flotten blieb nach wie vor das mit schweren Geschützen bestückte Schlachtschiff. Nach den sich ständig ändernden Konstruktionen der vergangenen Jahrzehnte fand dieser Typ Mitte der neunziger Jahre eine allgemeingültige Form. Veränderungen bei einzelnen Komponenten, wie der Artillerie, der Feuerleitung bzw. beim Antrieb, blieben dennoch in den kommenden Jahren nicht aus.

Das Schlachtschiff der Jahrhundertwende verdrängte bis zu 15000 t, hatte etwa 18 kn Geschwindigkeit und war mit 30,5-cm-Kanonen in Zwillingstürmen, in Deutschland mit 24-cm- und ab 1901 mit 28-cm-Geschützen, bewaffnet. Dazu kam eine Mittelartillerie von zehn bis zwölf Kanonen, deren Kaliber zwischen 15 und 17 cm lag. Sie war, so bei der deutschen «Kaiser»- und «Wittelsbach»-Klasse, in Kasematten aufgestellt.

Einmal auf den Weg gebracht, blieb die Entwicklung hierbei nicht stehen. Übte die Seemacht, deren Kern die Schlachtschiffe waren, entscheidenden Einfluß auf die Geschichte, so mußte jede Macht bestrebt sein, die stärksten und kampfkräftigsten Konstruktionen zu besitzen. Der Sprung zum «Dreadnought», zum Großkampfschiff mit über 20000 t und einheitlicher schwerer Artillerie, war gewiesen.

Er erfolgte zunächst in England. Hier war auf Grund der immer klarer zu Tage tretenden Rivalität zu Deutschland das Bemühen, die Überlegenheit auf See aufrechtzuerhalten, am stärksten ausgeprägt. Den seit der Jahrhundertwende in der Luft liegenden Gedanken realisierte Großbritannien 1905/06. In nur 17 Monaten nach der Bauvergabe in Dienst gestellt, war die «Dreadnought» das erste Großkampfschiff der Marinegeschichte. Entgegen den englischen Erwartungen folgten diesem Sprung im Kriegsschiffbau die übrigen Seemächte relativ schnell, wenn sich auch die Realisierung ihrer Entwürfe um einige Jahre hinzog.

In Deutschland stand Tirpitz damit vor der Alternative: entweder den Kreuzerbau für einen weltumspannenden Kreuzerkrieg zu forcieren oder den Schritt zum Großkampfschiffbau zu machen. Bei den Überlegungen spielte nicht zuletzt eine Rolle, daß mit den «Dreadnought» es notwendig werden würde, den Kaiser-Wilhelm-Kanal unter hohem Kostenaufwand für die großen Schiffe zu erweitern. Zu den Gründen, die zur Entscheidung für den Großkampfschiffbau führten, gehörte, daß der Bau von derartigen Schiffen die bisherigen Schlachtflotten weitgehend entwerten würde und damit sich der Vorsprung der Royal Navy vor der Kaiserlichen Marine verkleinern könnte. Acht Monate nach der Kiellegung der «Dreadnought» wurde das erste Großkampfschiff der Kaiserlichen Marine der «Nassau»-Klasse in Auftrag gegeben. Drei weitere folgten. Sie verdrängten 18800 t, besaßen zwei 28-cm-Zwillingstürme vorn und achtern sowie je zwei bei den Seitendecks. Im Gegensatz zu den britischen Schiffen hatten sie eine Mittelartillerie von zwölf 15-cm-Kanonen und 16 8,8-cm-Geschützen.

Etwa zur gleichen Zeit verlief in den Marinen der Übergang vom Panzer- zum Schlachtkreuzer, d.h. die Entwicklung zu einem schnellen Linienschiff. Mit den 1905 bewilligten drei Schiffen der «Invincible»-Klasse stellte sich auch hier Großbritannien an die Spitze. Sie waren mit 17150 t Verdrängung nur geringfügig kleiner als die «Dreadnought», erreichten jedoch auf Grund des günstigeren Längen-Breiten-Verhältnisses sowie der auf 41000 PS gesteigerten Maschinenleistung eine Geschwindigkeit von 26 kn.

Die Kaiserliche Marine folgte der britischen unmittelbar und gab 1907 die «Von der Tann» in Auftrag. Dieser erste deutsche Schlachtkreuzer verdrängte 19370 t und war mit vier 28-cm-Zwillingstürmen bewaffnet. Er zeichnete sich mit 27,7 kn durch eine relativ hohe Geschwindigkeit aus. Vor allem besaß die «Von der Tann» eine außerordentlich hohe Standkraft. Mit der «Seydlitz» erreichte der Schlachtkreuzerbau vor Kriegsausbruch einen Höhepunkt. Der Schlußbericht über die Erprobungen vom 22. Mai bis zum 17. August 1913 aus den Akten des Kriegsschiffbauamtes trifft über dieses Schiff folgende Feststellungen:

«S. M. S. ‹Seydlitz› ist auf der Werft von Blohm und Voß in Hamburg gebaut.

Der Bauauftrag erfolgte am 2. April 1910, der Stapellauf am 30. März 1912 und die Ablieferung an die Kaiserliche Werft Kiel am 12. April 1913.

Die Gesamtbauzeit des Schiffes betrug mithin: 3 Jahre.

Die Indienststellung des Schiffes erfolgte am 22. Mai 1913.

Das Schiff ist in der Konstruktionswasserlinie 200 m lang, 28,5 m breit und hat einen Konstruktionstiefgang von 8,236 m. S. M. S. ‹Seydlitz› ist demnach 14 m länger und 1 m schmaler als sein Vorgänger ‹Goeben›, von dem es im übrigen nur in geringfügigen Änderungen abweicht.

Schiff und Maschinen haben in ihren Leistungen den vertraglich gestellten Bedingungen entsprochen. Die Höchstgeschwindigkeit betrug im Mittel 27,876 sm bei der Hin- und Rückfahrt an der tiefen Meilenstrecke bei Neukrug. Die Maschinen machten hierbei durchschnittlich 314 Umdrehungen bei 88 263 W. P. S. Während der 6stündigen forcierten Fahrt lief das Schiff durchschnittlich mit 293 Umdrehungen 26,75 sm. Die Höchstleistung der Rückwärtsturbinen ergaben 24 642 W. P. S. statt der verlangten 24 000 W. P. S. und eine Geschwindigkeit von etwa 16 sm über den Achtersteven ...

Eine kurze Unterbrechung trat ein dadurch, daß S. M. S. ‹Seydlitz› von Seiner Majestät dem Kaiser während der Kieler Woche nach Kiel befohlen wurde. Jedoch konnten Hin- und Rückfahrt nach Kiel als Kohlenmeßfahrten ausgenutzt werden ...

Die Kammern der Offiziere genügen den Anforderungen im allgemeinen. Zu loben ist das unverkennbare Bestreben der Bauwerft bzw. der Baubeaufsichtigung, die Kammern wohnlicher einzurichten als bisher geschehen.

Die Lage der Offizierskammern in der achteren Mittelbatterie, nur durch einen schmalen Gang von der Mannschaftskombüse getrennt, ist recht unglücklich.

Sie haben unter großer Hitze, verursacht durch die darunterliegenden heißen Decks und unter Kombüsendüften stark zu leiden.

Die Anordnung der Deckoffiziers- und Aspirantenwohnräume in der vorderen Batterie und unter dem vorderen Oberdeck ist sehr gut.

Die Unterbringung der seemännischen Besatzung ist im allgemeinen angemessen, wenngleich die Hängematten fast überall in zwei Lagen aufgehängt werden müssen, wodurch sich militärische Nachteile ergeben. Hingegen ist der größere Teil des Maschinenpersonals in den sehr heißen und der natürlichen Lüftung entbehrenden Abteilungen III, IV und V direkt gesundheitsschädlich untergebracht.

Die Seitengänge im Zwischendeck Abt. VII bis XII, die etwa 30 Hängemattplätze erhalten, können wegen Kohlenstaubs und Lärms der Ventilatonsmaschinen nicht benutzt werden ...

Bei der Verwendung der schweren Artillerie im Nachtgefecht wird im Interesse einer sicheren Schiffsleitung auf das Feuer von Turm A verzichtet werden müssen, ebenso im Interesse eines sicheren Feuers der 15 cm auf das Durchschlagen der Türme B und E. Daher stehen zur sofortigen Verwendung im Nachtgefecht nur zwei Türme auf jeder Seite zur Verfügung, da auf die geringe Höchstgeschwindigkeit der Schwenkwerke von 3° in der Sekunde durch die Verteilung der Türme C und D auf beide Seiten Rücksicht genommen werden muß. Auf den nach Feuerlee gerichteten Turm kann dann allerdings in dem sich schnell abspielenden Nachtgefecht überhaupt nicht gerechnet werden, da dieser erst nach etwa 1½ Minuten ins Feuer zu bringen ist. Die beschränkte Verwendungsmöglichkeit der schweren Artillerie bei Nacht auf 2 Türme auf jeder Seite ist eine Schwäche des Schiffes. Eine Abhilfe könnte nur durch Erhöhung der Schwenkgeschwindigkeit geschaffen werden ...

Die Aufstellung der 8,8 cm läßt, wie im Schlußbericht ‹Goeben› hervorgehoben, eine gleichzeitige Verwendung von schwerer und leichter Artillerie nicht zu. Vorausgesetzt, daß beim Nachtgefecht mit Verwendung der schweren Artillerie für alle Aufgaben des Nachtgefechts gerechnet wird, fällt demnach die Mitwirkung der meisten 8,8 cm Geschütze aus, oder es bleibt doch ihre Verwendung nur auf Ausnahmefälle beschränkt. Da aber in absehbarer Zeit wohl mit einer Verwendung des 8,8-cm-Geschützes für die Ballonabwehr gerechnet werden muß und die Erfüllung dieser Aufgabe eine gleichzeitige Verwendung des 8,8-cm-Geschützes mit den Geschützen der schweren und mittleren Artillerie bedingt, so wird bei Neubauten bei der Aufstellung der für die Ballonabwehr bestimmten Geschütze darauf Rücksicht zu nehmen sein, und eine gleichzeitige Verwendung dieser Geschütze mit den übrigen sicher gestellt werden müssen ...»

Mit der Verabschiedung des 1. Flottengesetzes vollzog sich die Entwicklung der Kaiserlichen Marine auf Grundlage der vom Reichstag bewilligten langfristigen Planungen sowie deren Modifizierungen durch Novellen. 1900 folgte das 2. Flottengesetz, das im wesentlichen eine Verdoppelung der Zahl der Schlachtschiffe vorsah. Es legte den künftigen Bestand der Flotte auf 38 Linienschiffe, 14 Große und 38 Kleine Kreuzer fest. Zwischen 1900 und 1917 hätten daher 28 Linienschiffe, zwölf Große und 38 Kleine Kreuzer neu gebaut werden müssen. Die Küstenpanzerschiffe wurden aus der Schlachtflotte herausgenommen, wobei an ihre Stelle die neuen Schlachtschiffe traten.

Im gleichen Jahr erfolgte die Bildung einer ständigen Übungsflotte aus zwei Geschwadern. Zwei weitere gehörten zur Reserveflotte, von deren Schiffen sich die Hälfte ständig im Dienst befand.

Es folgten die Novellen von 1906 mit einer Vermehrung der Auslandskreuzer und von 1908 mit der Beschleunigung der Ersatzbauten. Schließlich kam 1912 die letzte Flottennovelle, die die Marine um drei Linienschiffe und zwei Kleine Kreuzer verstärkte. Damit hätte die Kaiserliche Marine über fünf Linienschiffsgeschwader mit einem hohen Bereitschaftsgrad verfügt sowie über ein Küstenpanzerschiffsgeschwader und acht Schlachtkreuzer.

Befanden sich die ersten beiden Flottengesetze noch durchaus mit der internationalen Marineentwicklung in Einklang, so begann sich die seit 1905/06 veränderte außenpolitische Situation auf das Verhältnis zwischen Großbritannien und Deutschland auszuwirken. Der deutsch-englische Gegensatz manifestierte sich in der zunehmenden Flottenrivalität, die schließlich im Ersten Weltkrieg ihren Höhepunkt fand. Im Ergebnis der Flottengesetze befand sich die Kaiserliche Marine zunächst mit der US-Navy auf dem dritten Rang. Nach dem «Dreadnought»-Sprung schob sie sich auf Platz zwei und wurde hinter der Royal Navy zweitstärkste Flotte der Welt.

Kaiserliche Marine im Einsatz

Die Kaiserliche Marine konzentrierte ihre Hauptkräfte, entsprechend den grundlegenden, von Tirpitz verfolgten seestrategischen Vorstellungen, in der Nordsee. Aus der Flotte für den Übersee-Einsatz war eine «aktive Schlachtflotte» (1902) für die «rangierte Schlacht» in der Nähe der eigenen Küsten und schließlich eine «Hochseeflotte» (1907) geworden.

Wie erwähnt, vollzog sich seit 1900 bis zum Ausbruch des Ersten Weltkrieges bei den Grundtypen der Großkampfschiffe eine intensive Veränderung verschiedener Einzelfaktoren. Hierzu gehörte die Leistungssteigerung der Artillerie hinsichtlich Kalibergröße, Schußentfernung und Schußfolge sowie der Zieleinrichtungen. Der Fernkampf der schweren Artillerie schälte sich als die Hauptform des Kampfes auf See heraus. Die Wirkung der Seemine im Küstenvorfeld trat hervor, während der Torpedoeinsatz als weniger erfolgreich eingeschätzt wurde. Mit dem Übergang zum Turbinenantrieb konnten die Effektivität des Betriebs und die Geschwindigkeit der Schiffe gesteigert werden. Wenn auch Dieselmotore für den Einbau in Schlachtschiffe nicht einsatzreif wurden, so gelang dennoch mit dem Einbau gemischter Feuerung mit Ölkesseln eine Verbesserung der Maschine.

Derartige Veränderungen wirkten sich auch im deutschen Großkampfschiffbau aus. Dem 1909 in Dienst gestellten deutschen «Dreadnought» der «Nassau»-Klasse folgten die Serien der «Helgoland»-, «Kaiser»- und schließlich der «Königs»-Klasse. Mit letzterer waren auf diesem Gebiet die Vorkriegsbauten abgeschlossen. Über die Entwicklung der «Königs»-Klasse befindet sich eine umfangreiche Ausarbeitung in den Unterlagen des Kriegsschiffbauamtes:

«Der Typ der 1911 Linienschiffe ist gekennzeichnet durch die Anordnung der schweren Artillerie in reiner Mittschiffsaufstellung ...

Chronologische Folge der Vorverhandlungen: 23. März 1910 K (Konstruktions-Department) richtet an A (Allgemeines Marine-Department) die Anfrage, welche Änderungen für die 1911 Schiffe gegenüber ‹Ersatz Odin› in Frage kämen.

16. April 1910 A. legt daraufhin dem Staatssekretär eine Denkschrift vor, in der der Übergang zur Mittschiffsaufstellung befürwortet wird.

6., 11., 17. Mai Plenarsitzungen über Typenfrage, in denen der Staatssekretär vorläufig seine Ansicht niederlegt, daß die 1911 Schiffe als Schwesterschiffe von ‹Ersatz Odin› gebaut werden sollen, um die Einheitlichkeit des Geschwaders aufrecht zu erhalten, die Schiffe schnell und billig vergeben zu können, größere Konsequenz in der Typenentwicklung zu halten und K Zeit zur Durcharbeitung der Ölmaschinenfrage zu lassen.

8. Mai 1910 Sitzung beim Staatssekretär ohne Hinzuziehung eines Technikers über Drillingsturmfrage und Kaliber-

steigerung für 1911. Beides wurde für 1911 fallen gelassen wegen der Kostenerhöhung und mit Rücksicht auf das Stadium der Kruppschen Konstruktionen.

2. Juli 1910 K übersendet an A und W (Waffen-Department) eine Liste mit Abänderungsvorschlägen für die 1911 Schiffe unter Annahme, daß der ‹Odin›-Typ beibehalten wird.

16. August 1910 Plenarsitzung über die vorgelegten Abänderungsvorschläge. Entscheidung des Staatssekretärs, daß die Schiffe Herbst 1910 nach dem Typ ‹Ersatz Odin› vergeben werden sollen.

17. September 1910 Denkschrift mit Ordre-Entwurf von K vorgelegt. Bei Mitzeichnung tritt A nochmals energisch für Typänderung in reine Mittschiffsaufstellung ein.

17. September 1910 Auf Befehl des Staatssekretärs wird von K der Entwurf vorgelegt, der Mittschiffsaufstellung ohne Deplacementsänderung unter entsprechender Reduzierung anderer Gefechtswerte vorsieht. Gleichzeitig werden von K eingehend die Arbeitsverhältnisse dargelegt, die bei einer Neukonstruktion für K I eintreten.

24. September 1910 Plenarsitzung, in der für den neuen Typ mit reiner Mittschiffsaufstellung entschieden wird.

26. September 1910 Denkschrift mit Skizze für Rominten von K vorgelegt.

27. September 1910 Genehmigung von Seiner Majestät.

Der Entwicklungsgang zeigt, daß die während des Sommers 1910 geleistete Arbeit nur in geringem Umfang den neuen Entwürfen zugute gekommen ist und daß die Vergebung der Schiffe rechtzeitig zu Frühjahr 1911 hätte erfolgen können, wenn die Entscheidung über den Typ im Frühjahr 1910 getroffen wäre …

Ausgangspunkt für den Entwurf der 1911 Linienschiffe war ‹Ersatz Odin›, folgende Konstruktionsbedingungen traten als neu hinzu:

5–30,5 cm Doppeltürme C/1911 in Mittschiffsaufstellung mit je 90 Schuß Gefechtsmunition;

2–15 cm S. K. weniger;

Fortfall des Hecktorpedorohrs;

Verlängerung der Maschinenräume um 1 Spant;

Maschinenleistung wie bei ‹Ersatz Odin›, Geschwindigkeit entsprechend dem vergrößerten Deplacement geringer.

Die Schlußsitzung ergab noch:

2–15 cm S. K. kommen wieder hinzu;

2–8,8 cm S. K. mit 300 Schuß Gefechtsmunition fallen fort;

Neue Lafette für 15 cm S. K.;

Verlängerung der Zitadelle um 1 Spant, um gegebenenfalls unter Fortfall von 2 Kesseln eine Dämpfungseinrichtung einbauen zu können.

Nach Fertigstellung der Bauunterlagen traten hinzu:

3-Ölfeuerkessel statt der 3 vordersten Kohlefeuerkessel,

7 m lange 50-cm-Torpedos anstelle solcher von 6 m Länge.

Die Berücksichtigung sämtlicher Forderungen ergab ein Mehrdeplacement von 1 000 t.

Um diese unterzubringen, mußte die Schiffslänge von 171,8 m auf 174,7 m, die Breite von 29 m auf 29,5 m … erhöht werden …

Die 30,5-cm-Türme sind etwa 10 t pro Turm schwerer geworden, wodurch sich folgende Verbesserungen ermöglichen ließen:

Splitterschott zwischen den beiden Geschützen,

Rohrkupplung,

Hydraulische Teleskopansetzer …

Für die 15 cm Lafetten befindet sich eine Neukonstruktion in Arbeit, die einen elektrischen Schwenkantrieb vorsieht. Gleichzeitig hiermit wird die Frage der Schildkonstruktion aus einem Stück und die Verstärkung der Schilde auf 150 mm verfolgt. In die Bauunterlagen ist zunächst noch die alte Lafetten- und Schildkonstruktion aufgenommen, das Mehrgewicht aber bereits im Deplacement berücksichtigt.

Für die 8,8-cm-Lafette ist gleichfalls eine neue Konstruktion in Arbeit, die durch Zusammenlegen des Schwerpunktes mit Pivotmitte ein leichteres Schwenken ermöglichen soll.

Torpedobewaffnung: … Trotz des Fortfalls des Heckrohrs wurde die Zahl der Torpedos (16) beibehalten … Im Sommer 1911 wurden auf Grund der von den Engländern durchgeführten Verbesserungen in der Torpedobewaffnung 7 m lange Torpedos eingeführt …

Der Besatzungsetat wurde auf Grund der Erprobung ‹Von der Tann› um 30 Heizer vermehrt.

Der Gesamtbrennstoffvorrat wurde auf

3 000 t Kohle

400 t Heizöl

200 t Treiböl festgelegt ...

Beim Rominten-Vortrag am 26. September 1910 wurde von Seiner Majestät genehmigt, daß ‹Ersatz Brandenburg› nach dem Typ der 1911 Schiffe gebaut und der ‹Germania›-Werft überwiesen werden soll.

Der Ordre-Entwurf der 1911 Linienschiffe enthielt bereits das 1912 Linienschiff ...»

Die Schiffe der «Königs»-Klasse waren die letzten, noch im Frieden fertiggestellten Schiffsneubauten, ihre Indienststellung erfolgte unmittelbar vor Kriegsbeginn und bis in den Winter 1914. Es waren die modernsten und neuesten Großkampfschiffe, die von der Kaiserlichen Marine eingesetzt werden konnten.

Mit den Kriegserklärungen, 28. Juli Österreich-Ungarn an Serbien, 1. bzw. 3. August Deutschland an Rußland und Frankreich, 4. August England an Deutschland, begann der Erste Weltkrieg. Admiral Scheer, der Führer der Hochseeflotte in der Schlacht vor dem Skagerrak, schrieb später über die Marine und den Beginn des Krieges:

«Während ihrer kaum mehr als 50 Jahre alten Geschichte war es der preußischen und deutschen Kriegsflotte nicht beschieden gewesen, in einer ernsthaften Kriegführung mit gleichartigen europäischen Gegnern sich auszuzeichnen, abgesehen von einzelnen Unternehmungen, die zu den besten Hoffnungen berechtigten. Die Tätigkeit unserer Schiffe hatte vorzugsweise darin bestanden, bei dem Erwerb unseres Kolonialbesitzes mitzuwirken oder im Auslande gegen Übergriffe halbzivilisierter oder wilder Völkerschaften der deutschen Flagge Achtung und Ansehen zu verschaffen. Eigene Erfahrungen über das Verhalten und die Führung der neu entstandenen großen Kampfschiffe im Gefecht fehlten uns ebenso wie auch unsrem bedeutendsten Gegner zur See – England ... In unserer Flotte herrschte ein stürmischer Betätigungsdrang, nicht hinter den Kameraden des Heeres zurückzustehen, und der Wunsch, den Grundstein zu einer ruhmreichen Tradition zu legen. Wir hatten den Vorteil, uns die Anerkennung der Nation erkämpfen zu sollen, der Gegner mußte seine verteidigen; auf unserer Seite lebte der Drang, alles zu wagen; er dagegen mußte sorgen, den früher erworbenen Ruhm nicht einzubüßen.»

Wie aus der Vorkriegskonzentration der Flotten bereits sichtbar, bildete die Nordsee den Hauptseekriegsschauplatz. Hier befanden sich die Hauptkräfte der beiden stärksten Seemächte der gegnerischen Koalitionen, die Hochseeflotte der Kaiserlichen Marine und die Grand Fleet der Royal Navy.

Der Operationsplan der Hochseeflotte, deren Verbände sich auf die Häfen in der Deutschen Bucht stützten, war strategisch defensiv. Als die schwächere Flotte wollte sie den Angriff des Gegners in der für sie günstigen Nähe eigener Stützpunkte, etwa in einem 100 sm breiten Umkreis von Helgoland, erwarten. Nach Möglichkeit sollte eine Schlacht erst nach einem Kräfteausgleich im Ergebnis taktisch offensiver Vorstöße von Teilen der Flotte sowie durch Minen und U-Booteinsatz angenommen werden. Die in der Ostsee befindlichen sehr schwachen Teile der Kaiserlichen Marine hatten die Aufgabe, der russischen Marine die Seeherrschaft abzugewinnen und Landungsunternehmen zu verhindern. Pläne für eine Zusammenarbeit mit dem Heer gab es in Erwartung eines sehr kurzen Krieges sowie infolge der Unterschätzung des Wertes des britischen Expeditionskorps nicht.

Entsprechend dem Operationsbefehl Nr. 1 lief die Hochseeflotte bei Kriegsausbruch in Erwartung, auf den Gegner in der Nähe Helgolands zu stoßen, aus und fand ihn nicht. Im Gegensatz zu den Vorstellungen der deutschen Marineführung erfolgte die englische Blockade weit abgesetzt von der deutschen Bucht und unter Verzicht auf ein offensives Vorgehen der Grand Fleet.

Um die Briten «herauszulocken», beschossen die Schlachtkreuzer Orte an der englischen Ostküste, ohne daß der Erfolg eintrat. Zur ersten Gefechtsberührung von Überwasserstreitkräften in der Nordsee kam es Ende August 1914.

Auf Grund von Beobachtungen britischer U-Boote entwickelte die britische Admiralität den Plan, die leichten deutschen Aufklärungsstreitkräfte mit bereitgestellten britischen Verbänden zu überfallen. Bei dem sich hieraus ergebenden Gefecht vor Helgoland am 28. August verlor die Kaiserliche Marine drei Kleine Kreuzer und ein Torpedoboot, 700 Mann fielen, 400 gerieten in Gefangenschaft. Die britische

Seite verzeichnete leichte Schäden und den Verlust von 35 Mann.

Ein Teilnehmer an dem Gefecht, Obermatrose und Ladenummer am Steuerbord 4. 10,5-cm-Geschütz, verwundet in britische Gefangenschaft geraten, lieferte nach seinem Austausch folgenden Bericht:

«Etwa 1¾ Stunden bis 2 nach dem Auslaufen aus Borkum sichteten wir Steuerbord voraus eine Gruppe von etwa 15 Zerstörern. Auf 48 hm eröffneten wir das Feuer, worauf die Zerstörer sofort nach Steuerbord und Backbord ausschoren, abdrehten und fortzulaufen suchten. Unsere dritte Salve auf 80 hm war deckend, Schornsteine, Masten fielen; bald sanken 2 Boote. Trotzdem die Zerstörer dauernd schossen, hatten sie keinen einzigen Treffer. Nach etwa 10–15 Minuten kamen Backbord voraus 3 Kleine Kreuzer in Sicht, auf die sofort Feuer auf etwa 70 hm eröffnet wurde, was die Kreuzer sogleich erwiderten. Eine der ersten Salven riß unser Funknetz herunter, eine bald folgende andere Salve warf die Funkenbude in sich zusammen. Wir hatten aber mehr Treffer auf dem Engländer zu verzeichnen, und bald mußte die ‹Arethusa› aus der Linie ausscheren und verschwand. Wie uns später in England die uns besuchenden Matrosen der ‹Arethusa› erzählten, hätte das Schiff sehr viel Treffer, besonders in Maschine und andren unteren Räumen gehabt, und einen Verlust von 93 Toten und Verwundeten. Instandsetzung dauerte 4 Monate. Die Kreuzer hatten auf parallelen Kurs gedreht, und liefen Backbord voraus vor ‹Mainz› her, wobei sich die Entfernung verringerte. Während etwa 10 Minuten dauernden Gefechtes mit den Kleinen Kreuzern und Zerstörern allein bekamen wir nur wenige Treffer. Einer schlug in die Hütte und setzte den achteren Leitstand außer Betrieb. Der ganze Betrieb an Bord wurde vollkommen wie beim Exerzieren aufrechterhalten, die Zuversicht war übergroß, die Stimmung sehr gehoben, weil wir beobachteten, daß wir ganz allein 9 feindlichen Kreuzern mitsamt den 15 Zerstörern überlegen waren. Meines Erinnerns muß es allmählich diesiger geworden sein. Weil hauptsächlich Gefecht an Backbord war, wurde meine Geschützbedienung jetzt zum Munitionsmannen verwandt, ich habe daher das Insichtkommen der Großen Kreuzer selbst nicht beobachtet, später habe ich aber mit Bestimmtheit 4 Große Kreuzer der ‹Lion›-Klasse mit Gegenkurs auf etwa 3000 m gesehen. Wir bemerkten schon vorher mehrere schwere Treffer im Vorschiff, die die vorderen Geschütze außer Gefecht setzten. Ein Treffer durchschlug die gesamten Leitungen und einige Stützen unter dem Kommandostand und brachte den Stand selbst etwas zum Heruntersacken. Daher verließen Kommandant, Offiziere und Personal den Stand und leiteten von der Back aus weiter. Im Stand selber war das B. G. aus dem Bock herausgeflogen, sonst aber nichts Ernstliches vorgekommen, auch keine Verwundung. Ein oder mehrere Treffer sind nachher noch gegen den Turm direkt geflogen, haben ihn aber nicht durchschlagen. Bald wurde die Dampfleitung zur Rudermaschine oder das Gestänge getroffen, worauf ‹Mainz›, mit äußerster Kraft weiter fahrend, einen Kreis schlug. Während dessen bekamen wir von einem Zerstörer einen Torpedotreffer Backbord vorn. Die Erschütterung war nicht sehr stark, es lief auch nur der getroffene Eiskühlraum voll, das Schiff sank nur ganz wenig tiefer. Das Personal konnte den Raum verlassen. Dann muß das Dampfrohr zur Maschine getroffen sein. Jedenfalls kam das Schiff allmählich zum Stillstand. Nun schlugen die Treffer fortgesetzt ins Schiff. Zweimal wurden wir zur Übergabe aufgefordert. Ein Schuß schlug dem Kommandanten beide Beine unter dem Knie ab, verwundete den Kapitänleutnant v. Maltzahn und mehrere Mann schwer, den daneben stehenden Kapitänleutnant Niese nur leicht. Der mit Wasser angefüllte Kutter wurde glatt durchschlagen ohne Splitterwirkung. Das durch Treffer entstehende Feuer wurde stets sehr schnell durch das Spritzwasser der Kurzschüsse gelöscht. Ein in der Offiziersmesse krepierendes Geschoß riß alles auseinander, setzte aber nichts, auch nicht die Holzteile, Rauchuntensilien und Bücher in Brand. Dagegen wurden durch den Wind von vorn die gelben Rauch- und Gasschwaden nach achtern getrieben und machten sich sehr unangenehm bemerkbar; die Nasenbinden gewährten aber guten Schutz, besonders wenn sie naß gemacht waren. Hauptsächlich saßen die Treffer im Vorschiff, so daß nach und nach dort alle Geschütze und Bedienungsmannschaften, Meldeketten und Leitungen ausfielen. Der an Deck von Geschütz zu Geschütz eilende 2. Art. Offz., Oberleutnant v. Wedel, gab den Befehl zum selbständigen Weiterfeuern. So oft sich ein paar Leute zusammenfanden, besetzten sie das nächste noch kampffähige Geschütz und feuerten weiter. Als vom Feind das Feuer achtern bemerkt wurde, wurde von ihm auch das Achterschiff unter Feuer genommen und mehr und mehr zusammengeschossen. Vom Feuerwerksmaaten erfuhr ich später, daß die Lukensülls im Panzerdeck an den Niedergängen zu den Munitionskammern unzweckmäßig seien. Treffer gegen das Süll bogen dies nach innen um, so daß die Lukendeckel festgeklemmt wurden und niemand von unten herauskonnte. Unsere eigene Munition, die mehrfach getroffen wurde, kam niemals zur Explosion. Gelegentlich erzeugte sie nur eine etwa ½ m hohe Stichflamme. Uns alten Leuten (ich diente im 3. Jahr) fiel auf, daß die Oktoberrekruten zum großen Teil den Kopf verloren hatten, sich versteckten, ängstlich waren und ihre körperliche wie seelische Kraft verloren.

Etwa 5 Minuten bevor alle unsere Geschütze außer Gefecht gesetzt waren, erhielt ‹Mainz› den 2. Torpedotreffer in den 4. Heizraum, Steuerbord Abt. VIII. Ich sah ihn selbst kommen, und zwar von einem großen, querab liegenden Kreuzer auf 3000 m. Die Erschütterung war auch hierbei nicht sehr stark und auch jetzt lief nur der getroffene Raum selbst voll. Das Personal ist umgekommen. Dasjenige aus dem davorliegendem Torpedo- und dem dahinterliegenden Heizraum aber kam unbeschädigt nach oben. Das Schiff sackte nur etwas tiefer ohne Schlagseite. Auf keinen Fall wäre es durch Geschoß- und Torpedotreffer allein zum Sinken gebracht. Als jedoch sämtliche Geschütze kampfunfähig gemacht waren, das Schiff ohne sich zu wehren, still lag, und daher ein Zerstörer längseits kommen wollte, wurde der Befehl gegeben, die Bordventile zu öffnen. In etwa 10 Minuten sank es.

Ich wurde durch die letzte Salve schwer verwundet. Der Sanitätsmaat verband mir den fast ganz abgerissenen Arm. Während des Gefechtes haben sich viele leicht Verwundete selbst verbunden – die Verbandspäckchen taten sehr gute Dienste – andere gingen zum Verbandsplatz, manche leisteten verwundeten Kameraden Hilfe, viele schwer Verwundete sind aber nicht verbunden und an Blutverlust gestorben. Borwasser wurde meines Wissens von niemandem benutzt ...»

Dieser von einem Fregattenkapitän aufgenommene Bericht verdeutlicht sowohl die Begrenztheit der Sicht von Gefechtsteilnehmern als auch die reale Situation, z. B. einer «Ladenummer». Insgesamt zeigten sich vor Helgoland die Schwächen des deutschen Sicherungssystems und ein ungenügender Bereitschaftsgrad der Flotte. Das Charakteristische an der Begegnung vor Helgoland, Überfall und Gegenreaktion, bestimmten in der folgenden Zeit die Kampfhandlungen in der Nordsee, wozu auch die Einbindung der neuesten Waffe des Seekrieges, der U-Boote, gehörte.

Die im Ausland befindlichen Schiffe der Kaiserlichen Marine sollten entsprechend dem Operationsbefehl Handelskrieg nach Prisenordnung führen. Die hierfür nicht geeigneten Kriegsschiffe hatten Hilfskreuzer auszurüsten.

Stärkster Verband in Übersee war das Kreuzergeschwader in Ostasien mit den Panzerkreuzern «Gneisenau» und «Scharnhorst» sowie den Kleinen Kreuzern «Emden», «Leipzig» und «Nürnberg».

Die «Emden», am 14. August 1914 aus dem Geschwader zum selbständigen Kreuzerkrieg im Indischen Ozean entlassen, erreichte einen besonderen Bekanntheitsgrad. Bis zum November konnte sie 83 000 BRT Schiffsraum versenken. Nach dem sie am 9. November ein Landungszug auf den Cocos-Inseln abgesetzt hatte, der den dortigen Sender zerstören sollte, wurde der Kreuzer von der «Sydney», einem australischen Kleinen Kreuzer überrascht und in einem darauffolgenden Gefecht zur Aufgabe gezwungen.

Der gelandeten Mannschaft unter Kapitänleutnant v. Mücke gelang es, mit einem requirierten Schoner über die Türkei in die Heimat durchzubrechen. Der von Mücke angefertigte Bericht über die Ereignisse bis zur ersten Etappe der Odyssee des Landungszuges in Padang auf Sumatra befindet sich in den Unterlagen des Kriegsschiffbauamtes:

«In der einbrechenden Dunkelheit verschwanden die Schiffe unter dem Horizont. Der Mast der ‹Emden› stand noch aufrecht, ohne Krängung oder Vertrimmung.

Aus den Gesprächen der Engländer an Land wußte ich, daß noch mehr englische Kreuzer in der Nähe waren. Da ‹Emden› keinesfalls zurückkommen konnte, um das Landungskorps abzuholen, beschloß ich, die Insel zu verlassen, um einer sicheren Gefangenschaft in englischen Händen zu entgehen, und um die ‹Emden›, falls möglich, wiederzufinden. Ich hatte deswegen schon mittags Befehl gegeben, einen im Hafen liegenden alten Dreimast-Marssegelschoner, die ‹Ayesha›, seeklar zu machen. Das Schiff war 97 Registertonnen groß und fuhr jährlich mehrmals von Keeling nach Batavia. Ich verproviantierte das Schiff so gut wie möglich, takelte es auf und verließ bei Sonnenuntergang im Schlepp der Dampfpinasse den Hafen. Am 27. XI. mittags erreichte ich Padang. Ich lief den Hafen an, um Seeschäden zu beseitigen (Tauwerk und Segel waren zum großen Teil nicht gebrauchsfähig) und um Proviant und Wasser zu nehmen. Die letzten 1½ Tage begleitete mich bei Tage und Nacht der holländische Zerstörer ‹Lynx›. Auf eine zweimalige Morseanfrage – englisch und deutsch – warum er mir folge, erhielt ich keine Antwort. Wohl aber hielt er sich in größerer Entfernung auf. Beim Erreichen der holländischen Hoheitsgrenze setzte ich Flagge und Wimpel. Dicht vor Padang begab ich mich auf den Zerstörer, um Auskunft über meine Absicht, einzulaufen, zu geben. Er hatte nichts einzuwenden, insbesondere als ich betonte, daß ich dem Schiff die Eigenschaft eines kaiserlichen Kriegsschiffes beilegte ...»

Inzwischen hatte das von Vizeadmiral Graf von Spee geführte Kreuzergeschwader den Pazifik überquert. Am 1. November traf es auf einen britischen Verband, der nach einem mehrstündigen Gefecht zerschlagen wurde. Spee gab in Valparaiso über das Geschehen die folgende Meldung an Wilhelm II.

«Euer Majestät berichte ich alleruntertänigst über den Verlauf des Seekampfes vom 1. November vor Coronel bei der Insel Santa Maria das Folgende:

Der mir unterstellte Verband, bestehend aus Euer Majestät großen Kreuzern ‹Scharnhorst› und ‹Gneisenau› und Euer Majestät kleinen Kreuzern ‹Nürnberg›, ‹Leipzig› und ‹Dresden›, lief am 1. November mit 14 sm Fahrt etwa 20 sm von der chilenischen Küste entfernt nach Süden, um vor Coronel einen kleinen englischen Kreuzer abzufangen, der nach zuverlässiger Nachricht am Abend vorher dort zu Anker gegangen war. Unterwegs wurden mehrfach kleine Kreuzer detachiert, um begegnende Dampfer und Segelschiffe festzustellen ...

Um 4 Uhr 17 Minuten wurden in West zum Süden zuerst zwei, dann um 4 Uhr 21 Minuten ein drittes Schiff in etwa 15 sm Abstand gesichtet, von denen zwei bald als Kriegsschiffe, vermutlich ‹Monmouth› und ‹Glasgow›, erkannt wurden, während der dritte wohl der Hilfskreuzer ‹Otranto› war ...

Um 5 Uhr 20 Minuten wurde das Hinzukommen eines weiteren Kriegsschiffes gemeldet, das sich um 5 Uhr 30 Minuten an die Spitze setzte und als ‹Good Hope› Flaggschiff des Konteradmirals Craddock erkannt wurde. Die feindliche Linie ordnete sich nun, setzte Toppflaggen und suchte langsame Annäherung auf südlichem Kurse ...

6 Uhr 20 Minuten, auf 124 hm Abstand, machte ich eine 1°-Strich-Wendung auf den Gegner zu und ließ 6 Uhr 34 Minuten nachmittags auf 104 hm Abstand Feuer eröffnen. Wind und Seegang waren von vorn, die Schiffe arbeiteten stark, namentlich die kleinen Kreuzer beider Seiten. Beobachtung und Entfernungsmessung litten hier sehr unter Seen, die über die Back und den Kommandostand stürzten, und die hochlaufende Dünung verdeckte dem auf dem Mitteldeck stehenden 10,5 S. K. das Ziel so, daß sie das Heck des Gegners überhaupt nicht, und den Bug nur zeitweilig zu sehen bekamen. Dagegen war die Artillerie von Euer Majestät beiden Panzerkreuzern durchaus gebrauchsfähig und schoß gut; auf ‹Good Hope› konnte schon um 6 Uhr 39 Minuten der erste Treffer beobachtet werden. Gleich darauf ließ ich zur Kiellinie zurückwenden. Die Engländer eröffneten erst zu dieser Zeit das Feuer; ich nehme an, daß die grobe See ihnen mehr Schwierigkeiten machte als uns. Ihre beiden Panzerkreuzer blieben im wesentlichen, auch als es bei abnehmenden Entfernungen anfing dunkel zu werden, von unserem Feuer eingedeckt, während sie selbst, soweit bisher festgestellt, ‹Scharnhorst› nur zweimal und ‹Gneisenau› nur viermal getroffen haben. Um 6 Uhr 53 Minuten nachmittags, auf etwa 60 hm, wendete ich (auf 60 hm Entfernung) 1 Strich vom Gegner ab. Dessen Artillerie feuerte um diese Zeit langsamer, während wir zahlreiche Treffer beobachten konnten. Unter anderem wurde gesehen, daß auf der ‹Monmouth› die Turmdecke des vorderen Doppelturms abgehoben wurde und daß im Turm ein starker Brand entstanden war. ‹Scharnhorst› glaubt etwa 35 Treffer auf ‹Good Hope› sich anrechnen zu dürfen. Da sich die Entfernung trotz unsres Abwendens noch bis auf 49 hm verringerte, so war anzunehmen, daß der Gegner an Artillerieerfolg verzweifelte und auf Torpedoschuß manövrierte; die Stellung des gegen 6 Uhr aufgegangenen Mondes hätte ihn hierbei begünstigt. Ich zog deshalb etwa um 7 Uhr 45 Minuten den Verband durch Ab-

schwenken des Spitzenschiffes allmählich weiter ab. Es war inzwischen dunkel geworden, die Entfernungsmessung auf ‹Scharnhorst› benutzte zunächst noch den Schein der auf ‹Good Hope› ausgebrochenen Brände als Meßpunkt, allmählich wurden aber Messungen, Abkommen und Beobachten zu ungenau, daß das Feuer um 7 Uhr 23 Minuten eingestellt wurde. Um 7 Uhr 23 Minuten nachmittags war bei ‹Good Hope› eine starke Explosionssäule zwischen den Schornsteinen beobachtet worden; von da ab feuerte das Schiff, wie mir schien, nicht mehr. ‹Monmouth› scheint etwa um 7 Uhr 20 Minuten das Feuer eingestellt zu haben.

Die kleinen Kreuzer, einschließlich ‹Nürnberg›, die inzwischen herangekommen sein mußte, erhielten um 7 Uhr 30 Minuten nachmittags den funkentelegraphischen Befehl, den Feind zu verfolgen und mit Torpedos anzugreifen. Die Sichtigkeit wurde um diese Zeit durch Regenböen beeinträchtigt. Es gelang den Kleinen Kreuzern nicht, ‹Good Hope› zu finden; dagegen hat ‹Nürnberg› ‹Monmouth› getroffen, der stark gekrängt zuerst vor, dann neben ihr herlief, und hat ihn um 8 Uhr 58 Minuten durch Beschießen auf nächste Entfernung zum Kentern gebracht, ohne daß er das Feuer erwidert hätte. Seine Flagge wehte aber noch. An Rettungsarbeiten war bei dem hohen Seegang nicht zu denken, zumal ‹Nürnberg› unmittelbar hinterher Rauchwolken eines zweiten Feindes zu sichten glaubte und dorthin einen neuen Vorstoß ansetzen mußte …

Die Besatzungen der Schiffe gingen mit Begeisterung in den Kampf; ein jeder hat seine Pflicht getan und Anteil am Erfolg.»

In einer Anlage zu der Meldung werden die Treffer auf «Scharnhorst» und «Gneisenau» detailliert beschrieben. Danach hatte auf «Gneisenau» eine 10,2-cm-Granate die Bordwand bei Spant 98 im Zwischendeck durchschlagen und war, abgelenkt durch Spinde, kupferne Kochtöpfe und weitere Hindernisse, «in einer Backskiste liegen geblieben, ohne zu explodieren». Auch ein Schornsteintreffer von einem 7,6-cm-Geschoß explodierte nicht, und ein Treffer in die Antenne machte zeitweilig die Funkanlage unbrauchbar. Schließlich verursachten Sprengstücke, wie genauestens registriert wurde, Beulen an der Bordwand.

Auf «Gneisenau» war eine Granate auf Steuerbord, Abteilung XII, Spant 89 eingedrungen und an Backbord Spant 90 wieder ausgetreten. Bevor diese Lecks verstopft werden konnten, drang Wasser unter anderem in die Proviantlast ein. Ein weiterer Treffer auf den Vormars richtete geringen Schaden an, ebenso einer gegen den Oberdeckskasemattenpanzer. Ein anderer Treffer gegen den achteren Turm verursachte ein Feuer im Batteriedeck und beulte das linke Rohr des hinteren Turmes ein. Sonst blieb es bei kleineren Schrammen durch Sprengstücke.

In einer weiteren Anlage wurde der Munitionsverbrauch der beiden Panzerkreuzer aufgelistet. Er betrug bei «Scharnhorst» 234 Panzersprenggranaten und 188 Sprenggranaten vom Kaliber 21 cm sowie 67 Panzersprenggranaten und 148 Sprenggranaten 15 cm. «Gneisenau» verfeuerte 244 Panzersprenggranaten mit dem Kaliber 21 cm und 198 15-cm-Sprenggranaten. «Nürnberg», «Leipzig» und «Dresden» hatten einen Verbrauch von zusammen 644 Sprenggranaten, Kaliber 10,5 cm.

Dem in Deutschland begeistert gefeierten Sieg folgte, wie bei der strategischen Situation und dem Kräfteverhältnis nicht anders zu erwarten, die bittere Niederlage. Bei dem Versuch, nach Europa durchzubrechen, stieß v. Spee bei den Falklands auf überlegene, aus England herbeigeführte britische Schlachtkreuzer. Der deutschen schweren Artillerie, 16 21-cm-Geschützen, standen ebenso viele 30,5-cm-Geschütze auf britischer Seite gegenüber. Nur die «Dresden» und das Lazarettschiff «Seydlitz» konnten sich aus dem über das Geschwader hereinbrechenden Untergang retten. Alle übrigen Schiffe, «Scharnhorst», «Gneisenau», «Leipzig» und «Nürnberg», sanken. Nur 214 Mann konnten gerettet werden.

Über das Ende des Geschwaders des Grafen Spee, der wie seine zwei Söhne bei diesem Treffen fiel, liegt in den Unterlagen ein Bericht von drei Schweizern vor, die als Trimmer auf der «Baden», dem Begleitschiff der «Dresden», das Falklandsgefecht erlebten.

«Am Morgen des vorigen Jahres kamen die Falklandinseln in Sicht. Gegen halb 9 Uhr dampfte unser Geschwader nach Port Stanley ab. Die ‹Gneisenau› und ‹Nürnberg› legten sich vor die Einfahrt des Hafens, während die ‹Scharnhorst›, ‹Dresden› und ‹Leipzig› liegen blieben. Gegen 11 Uhr vormittags erhielten die ‹Gneisenau› und ‹Nürnberg› Befehl, auf die aus dem Hafen herauskommenden englischen Kriegsschiffe ‹Bristol›, ‹Kanopus› und ‹Glasgow› zu schießen. Als das Feuer von der ‹Gneisenau› und ‹Nürnberg› eröffnet war, griffen auch die englischen Dreadnoughts ‹Invincible› und ‹Inflexible›, die hinter einem die Bucht vorspringenden Höhenzuge lagen, in den Kampf ein. Als diese beiden Dreadnoughts zu feuern anfingen, teilte sich unser Geschwader, das sich inzwischen wieder zusammengezogen hatte, in zwei Teile. Diese Teilung mußte vorgenommen werden, weil unsere Schiffe von den 9 englischen Kriegsschiffen, die uns gegenüber standen, fast umringt waren. Die ‹Scharnhorst› ist gegen 4 Uhr nachmittags in Grund gebohrt, die ‹Gneisenau› eine Stunde später, nachdem sie von etwa 300 feindlichen Geschossen getroffen war. Gesunken ist sie unseres Erachtens dadurch, daß das Deck durch die feindlichen Geschosse eingeschlagen war. Der eigentliche Panzer ist nicht durchschlagen worden. Die ‹Inflexible› geriet, nachdem sie 23 Treffer auf ca. 12 tausend Meter Entfernung erhalten hatte, in Brand, auch hatte sie etwas Schlagseite. Sie zog sich dann auf eine Entfernung von 15–16000 Meter zurück, weshalb sie von uns nicht getroffen werden konnte. Das Feuer wurde gelöscht und das Schiff anscheinend durch Auspumpen des Wassers wieder kampffähig gemacht. Gegen 8 Uhr abends war die ‹Leipzig› wie sie zum vierten Male die heruntergeschossene Kriegsflagge gehißt hatte, kampfunfähig und brachte sich durch Öffnen der Seeschleusen selbst zum Sinken. Von diesen können wir im Augenblick nur Michel Häusner, der sich im Gefangenenlager in Handford befindet, namhaft machen. Die 7 Geretteten haben uns erzählt, daß die ‹Glasgow› auf die im Wasser schwimmenden Mannschaften der ‹Nürnberg› geschossen hat, vermutlich um sich dafür zu rächen, daß in der Seeschlacht bei Coronel die englische Mannschaft der gesunkenen Schiffe von uns nicht gerettet sind. Die Rettung war wegen des hohen Seegangs damals nicht möglich, wie wir aus eigener Erfahrung wissen, weil wir Zeugen auch dieses Seegefechts waren. Unser Begleitschiff ‹Baden›, das sich während der Schlacht entfernt hatte, wurde von der ‹Bristol› eingeholt ...»

Damit – inzwischen waren auch die übrigen Stationäre der Kaiserlichen Marine bzw. die durch sie ausgerüsteten Hilfskreuzer verloren gegangen – fand der Übersee-Einsatz der deutschen Schiffe sein Ende. Die in der Folgezeit durch die englische Blockade durchgebrochenen Hilfskreuzer konnten der Entente schmerzhafte Nadelstiche versetzen, was jedoch insgesamt Episoden blieb.

Von größerer Wirksamkeit erwies sich der Durchbruch der Mittelmeerdivision zu den Dardanellen. Ihr Eintreffen am 10. August 1914 in türkischen Gewässern beschleunigte den Kriegseintritt des Landes auf der Seite der Mittelmächte. Beide Schiffe, die «Goeben» und «Breslau», führten schließlich unter türkischer Flagge mit deutschen Besatzungen Krieg gegen die Schwarzmeerflotte des Zarenreiches im Schwarzen Meer.

Am 23. Januar 1915 kam es erneut zu einem Gefecht von Teilen der Hochseeflotte und der Grand Fleet in der Nordsee. Das Treffen in der Nähe der Doggerbank endete für die Kaiserliche Marine mit einer Niederlage. «Blücher» ging verloren, «Seydlitz» erreichte mit schweren Schäden den heimatlichen Stützpunkt.

Die Niederlage auf der Doggerbank kostete dem deutschen Flottenchef die Stellung, sein Nachfolger wurde Admiral v. Pohl, der vom Kaiser die Anweisung bekam, vorsichtiger zu operieren. Insgesamt führte der unerwartete Verlauf des Seekrieges zu einem Niedergang des Prestiges der Marine. Nicht zuletzt gerieten das Reichsmarineamt und sein Staatssekretär in eine zunehmend schwierige Lage, da sich kritische Stimmen bezüglich der Konstruktionen der deutschen Schiffe auch aus Marinekreisen mehrten.

Der Kommandant der «Karlsruhe» kam im Oktober 1914 in einer längeren Ausarbeitung zu dem Schluß: «Der ‹Karlsruhe›-Typ entspricht nur in beschränktem Maße den Anforderungen, die an einen Auslandskreuzer gestellt werden müssen». Zur Begründung hieß es: «1. Bewaffnung. Die 10,5 cm S. K., die für die heimische Kriegsführung für Torpedoboots-Abwehr gedacht, reicht für den Auslandsdienst nicht aus. S. M. S. ‹Karlsruhe› ist den modernen englischen Kreuzern gleicher Größe unterlegen ... 2. Die

Geschwindigkeit ist ausreichend. Der Aktionsradius, der bei 1618 t Brennstoff-Fassung nur 3500 sm beträgt, muß erheblich gesteigert werden ...»

Weitere Mängel bezogen sich auf fehlenden Stauraum für den Mannschafts- und Offiziersproviant, die Unterbringung des Tropenzeugs, die Wohnlichkeit für Offiziere und Mannschaften und anderes.

Alles Probleme, die zu ertragen gewesen wären. Es wurden jedoch auch Zweifel laut an den Konstruktionen der Schiffe der Hochseeflotte. So stellte der Kommandant der «Seydlitz» nach dem Doggerbank-Gefecht mit Empörung fest, daß der Kohlenverbrauch der «Seydlitz» am 24. Januar alle vorgegebenen Probefahrtsangaben Lügen strafte. Admiral v. Pohl verlangte daraufhin in einem Schreiben vom 10. Februar 1915 von Tirpitz, «eine Erklärung über den äußerst hohen Kohlenverbrauch und den Geschwindigkeitsabfall gegenüber den Probefahrts-Verhältnissen und ... eine sehr gefällige Äußerung, ob bei den anderen Linienschiffen und Kreuzern mit demselben Verhältnis gerechnet werde». Die vom Reichsmarineamt hierauf erteilte Antwort war wenig hilfreich. Mit dem Datum vom 16. Februar schrieb es, daß die Geschwindigkeitsmessungen «während der Probefahrt bei ganz bestimmten Verhältnissen vorgenommen» werden. «Die nach diesen Probefahrtsergebnissen aufgestellten Fahrttabellen können für den Frontbetrieb nur dann uneingeschränkt gelten, wenn bei den späteren Fahrten genau die gleichen Verhältnisse vorhanden sind.» Um den Kohlenverbrauch zu vergleichen, stellte das Reichsmarineamt eine Forderungsliste mit 12 Punkten auf, wie sie in einem Gefecht kaum realisiert werden konnte. Die Antwort des Tirpitzschen Amtes gipfelte in der Schlußfolgerung: «Bevor alle diese Umstände nicht vollständig aufgeklärt sind, kann kein einwandfreier Vergleich zwischen den Kohlenverbräuchen bei der Fahrt am 24. 1. und den Probefahrten gezogen werden. Die Ergebnisse der Messungen auf der ‹Seydlitz› dürfen daher keinesfalls auf die übrigen Kreuzer und Linienschiffe ausgedehnt werden, und es erscheint verfrüht, die Ergebnisse als bedauerliche Tatsache, wie es von dem Befehlshaber der Aufklärungsschiffe geschehen ist, zu bezeichnen.»

Derartige Antworten konnten die Realität des Kriegsalltags und seine Anforderungen nicht von der Tagesordnung absetzen. Die Probleme mit den Kriegsschiffkonstruktionen, die es auch auf der anderen Seite der Nordsee gab, mußten beseitigt und nicht weggeredet werden. Doch das war für die deutsche Marineführung weitaus schwieriger als für die englische, da das Potential, das ihr zur Verfügung stand, begrenzter und der Kompetenzenwirrwarr in den oberen Kommandobehörden nahezu undurchdringlich war.

Zu den kompliziertesten Fragen gehörte wie Jahre später auch im Zweiten Weltkrieg die der Arbeitskräfte. Schon im März 1915 mußte in einer Untersuchung das Reichsmarineamt feststellen, daß «auf allen Werften bald chronischer Arbeitermangel» herrschen würde. Danach hatten die Kaiserlichen und Privatwerften einen angemeldeten Bedarf von 11610 Arbeitskräften, der mit 9121 Leuten befriedigt werden konnte. Bereits zu diesem Zeitpunkt fehlten 2489 Arbeiter.

Die Arbeitskräfte bildeten jedoch nur einen der Faktoren, die auf die Marinerüstung während der Kriegsjahre einwirkten. Dazu kamen die finanziellen und materiellen Aspekte, die in Konkurrenz zu denen des Heeres standen. Je länger die Marine keine spektakulären Waffenerfolge aufzuweisen hatte, desto komplizierter wurde es, in diesen Fragen im Reichstag zu überzeugen. Die Fehlrechnung eines kurzen Krieges schien zudem längerfristige Planungen unnötig zu machen.

Grundsätzlich war der Weiterbau der Flotte im Rahmen der Flottengesetze im Januar 1915 festgelegt worden. «Danach waren planmäßige Ersatzbauten und überplanmäßig, zum Beispiel durch Verlust, ‹ersatzfällig› werdende Schiffe sowie ‹durch Kriegsnotwendigkeit erforderliche› Neubauten aus Mitteln des außerordentlichen Etats, die für die Dauer des Krieges pauschal bereitgestellt wurden, zu bestreiten». (F. Forstmeier, Deutsche Großkampfschiffe 1915–1918)

Der Verlauf des Krieges hatte zur Folge, daß sich nicht nur unter der Bevölkerung, sondern auch «bei den Marineoffizieren ... Skepsis und Mißstimmung ausgebreitet» hatten. Die insgesamt «wenig marinefreundliche» Einstellung und die harten Erfordernisse der Landfronten ließen für grundsätzliche Veränderungen der Marine wenig Spielraum.

Entgegen den Prognosen von Tirpitz setzte sich zunehmend eine Kriegführung durch, die in den Vorkriegsjahren wenig Beachtung gefunden hatte. In Großbritannien hatte man zwar bereits in der Vorkriegszeit vereinzelt mit einem Einsatz von U-Booten durch das kaiserliche Deutschland gegen den eigenen Handelsverkehr gerechnet. In Deutschland dagegen lag diese Überlegung jenseits von Seeschlacht- und Seemachtvorstellungen. Zunehmend setzte sich jedoch das bis zu diesem Zeitpunkt wenig beachtete Seekriegsmittel «U-Boot» durch. Die Wirklichkeit des Krieges überholte alle theoretischen Erwägungen. Der Zwang der begrenzten Mittel und die seestrategische Lage hatten eine Reduzierung auf das Unmittelbare zur Folge. Trotz aller Hemmnisse wurden immer mehr und bessere U-Boote gebaut. Vom 1. August 1914 bis zum 1. August 1915 waren es 19 Boote, in den folgenden zwölf Monaten bereits 65, bis zum 1. August 1917 101 Boote und in den folgenden zwölf Monaten 99. Neue, verbesserte U-Boottypen kamen zum Einsatz, neu sowohl in ihrer Größe als auch, was noch bedeutender war, in ihren technischen Einzelheiten.

Als Kind des Krieges entstand die Seefliegerei. Während sich die Marineluftschiffe entgegen den großen Hoffnungen, die die Marineführung in sie gesetzt hatte, als militärische Sackgasse herausstellten, nahm die Bedeutung des Flugzeuges für den Einsatz über See ständig zu. Erst 1911 hatte sich das Reichsmarineamt zur Entwicklung eines Seeflugzeuges entschlossen. In Putzig an der Danziger Bucht wurde eine Versuchsstation errichtet und 1912 der erste Start vorgenommen. Bei Kriegsbeginn hatte die Marine etwa 20 Flugzeuge, die den Grundstock für die Marineflieger bildeten. Neben den von Land aus eingesetzten Kräften – Seefliegerhorste entstanden vor allem in der zweiten Kriegshälfte an allen von den Deutschen beherrschten Küsten, vom Nahen Osten bis zum Schwarzen Meer und der Ostsee – hatten die «Stralsund» und die «Straßburg» Bordflugzeuge. Beim Marinekorps in Flandern kam ein Marinefliegerkorps mit vielfältigen Aufgaben zum Einsatz. Nicht zuletzt wurde versucht, Flugzeuge auf U-Booten mitzuführen und von ihnen aus zu starten. (Vgl. R. Lakowski, U-Boote geheim)

Bei den großen Überwasserschiffen blieb es bei Verbesserungen der vorhandenen Schiffe. Nach Notizen zu einem Immediatvortrag betrafen die Änderungen z. B.:

«Einschneiden von Öffnungen, die durch Schieber verschließbar sind, in die Mittlängsschotte der älteren Linienschiffe, Großen Kreuzer und Kleinen Kreuzer, zur Erleichterung des Gegenflutens ...

Abschluß aller Lüftungskanäle an beiden Enden und, wo notwendig, auch in Schotten und Decks durch wasserdichte Klappen oder Schieber, um die Verbreitung der Wasser- und Gasgefahr bei Verletzung der Kanäle zu verhindern ...

Vereinfachtes Gruppenflutsystem für die Munitionskammern zur Beschleunigung des Flutens ...

Abschluß der Munitions- und Aufzugsschächte durch Klappen, um das Durchschlagen von Stichflammen und Gasen zu verhindern ...

Ölzusatzfeuerung: Ausstattung der Kohlefeuerungen der Wasserrohrkessel mit Heizölzusatzdüsen ... Vorgesehen in erster Linie für I. und III. Geschwader und I. und II. Aufklärungsgruppe, in zweiter Linie für IV. Geschwader (für III. und IV. Aufklärungsgruppe wenn Kesselkonstruktion nicht verwendbar) ...

Bisher sind ausgestattet etwa die Hälfte der Linienschiffe des I. und III. Geschwaders und fast alle Kreuzer der Aufklärungsgruppe.

Für Torpedoboote ist die Ölzusatzfeuerung noch in Erprobung, jedoch Einbau bei allen Bauten während der Reparaturperiode angeordnet.

Hohlroste: Ersatz der jetzigen Stabroste durch Hohlroste mit innerer Wasserkühlung zur Erleichterung der Kesselbedienung.»

Eine ähnliche, weitaus umfangreichere Zusammenstellung gibt es im Amt Kriegsschiffbau bezogen auf die Schiffsartillerie vom November 1918. (Vgl. R. Lakowski, Reichs- und Kriegsmarine geheim). Insgesamt konnten damit erstaunliche Ergebnisse erreicht werden, neuartige Großkampfschiffe wurden während des Krieges in Deutschland jedoch nicht gebaut.

Am sichtbarsten wurden die Detailverbesserungen in der einzigen und größten Seeschlacht des Ersten Weltkrieges, in der die deutschen und englischen Hauptkräfte aufeinandertrafen. Die Skagerrakschlacht Ende Mai 1916 brachte für die Großkampfschiffe ihre Bewährungsprobe. Sie konnte zwar an der strategischen Lage der Kaiserlichen Marine nichts mehr ändern, jedoch deren taktischer Erfolg stellte die starken Seiten der deutschen Schiffsklassen unter Beweis, machte aber auch Schwächen gegenüber den englischen Schiffen sichtbar. Zu den Schwachpunkten gehörten die unterlegene Geschwindigkeit und das geringere Kaliber. Ihre Stärke waren die überragende Standfestigkeit und das artilleristische Können.

Dennoch blieb die bereits seit Herbst 1915 durch den Kaiser initiierte Diskussion um neue Schiffstypen, deren Konstruktion und Bau nur Theorie. Sie ging an der Wirklichkeit des Krieges vorbei. Die Erfordernisse der Landkriegführung sowie die – trotz Skagerrak – in den Augen bestimmender Politiker und Militärs wenig überzeugenden Leistungen der Marine mußten bei den ohnehin begrenzten deutschen Arbeitskräfte- und Materialressourcen zur Verringerung der Möglichkeiten im Schiffbau führen.

Der Übergang zum uneingeschränkten U-Bootkrieg am 1. Februar 1917 änderte schließlich die Operationsziele der Kaiserlichen Marine. Nunmehr stand nicht mehr die immer aussichtsloser werdende Seeschlacht der Linienschiffsflotten im Mittelpunkt der Operationspläne, sondern der Einsatz gegen die Seehandelsverbindungen von und nach Großbritannien. Laut Tagesbefehl des Flottenchefs vom 31. Januar 1917 galt:

«Hingabe, Arbeitstreue, Angriffs- und Abwehrkraft jeder Stelle der Marine hat in den Dienst der U-Bootwaffe zu treten ... Auch die Verwendung der Hochseestreitkräfte wird sich damit selbstverständlich den Bedingungen des Unterseebootskrieges anzupassen haben ... Wir dürfen aber auch in diesem Kriegsabschnitt nicht aus dem Auge verlieren, daß die Seegeltung eines Staates nur getragen wird von einer kampffähigen U-Bootsflotte.»

Mit dem letzten Satz war vorgegeben, daß, entgegen den Erwartungen vor allem in der U-Boot-Inspektion, die erhoffte hohe Anzahl von U-Booten, dem zu dieser Zeit wirksamsten und modernsten Seekriegsmittel, das in Deutschland gebaut wurde, nicht erreicht werden konnte. Erst im Herbst 1918, als der Krieg bereits verloren war, kamen einschneidende Maßnahmen zustande. Im Dezember 1915 wurde das U-Bootamt gebildet, das für den Bau von U-Booten zuständig war. Das schließlich am 2. Oktober beschlossene und nach Scheer benannte Bauprogramm konzentrierte sich auf Unterwasserfahrzeuge, von denen bis 1920 405 gebaut werden sollten. In der damaligen militärisch-politischen Lage Deutschlands eine Illusion. Für seine Realisierung wären allein 40 000 bis 60 000 Werftarbeiter zusätzlich erforderlich gewesen.

Von August 1914 bis zum November 1918 hatte die deutsche Marine 346 U-Boote in Dienst gestellt. Im November 1918 verfügte sie über einen Bestand von 348 Überwasserschiffen. Hiervon waren 42 Linienschiffe (39 neue, ein Schiff in Bau und zwei überaltert), elf Schlachtkreuzer (acht neue, zwei in Bau und ein Kreuzer überaltert), 35 Geschützte Kreuzer (28 neue, fünf in Bau und zwei überaltert) sowie 231 große und kleine Torpedoboote (208 neue und 23 überaltert) (R. Lakowski, U-Boote, S. 327).

Den relativ größten Anteil an den Verlusten hatte die junge U-Bootwaffe, von der 178 Boote bei Einsätzen verloren gingen. 5 132 Mann der U-Bootflotte fielen, starben an Verwundungen oder wurden als vermißt gemeldet.

Bei den Überwasserschiffen gingen u. a. zwei Linienschiffe und ein Schlachtkreuzer, sechs Große und 18 Kleine Kreuzer sowie 107 Torpedoboote verloren.

Eine handschriftliche Notiz aus den Unterlagen des Kriegsschiffbauamtes schlüsselte die personellen Verluste der Marine bis zum 1. Juni 1915 auf. Danach bezifferten sie sich bis zu diesem Zeitpunkt auf 852 tote, verwundete, vermißte oder gefangene Offiziere, für die Unteroffiziere und Mannschaften betrug die

Zahl 18259. Insgesamt verlor die Kaiserliche Marine bis Kriegsende 34833 Mann an Offizieren und Mannschaften.

Die Niederlage des Kaiserreiches war auch die seiner Marine. Das Ausbleiben der entscheidenden Seeschlacht, der unverhältnismäßig geringe Beitrag der Flotte zur Kriegführung in den Augen der Öffentlichkeit und der Schock der Novemberereignisse, als Matrosen rebellierten, hatte die Marine in starken Mißkredit gebracht. Es folgten die Beseitigung des wertvollsten Schiffsmaterials durch Auslieferung oder Selbstversenkung der Hochseeflotte im britischen Stützpunkt Scapa Flow sowie die Einschränkungen des Versailler Vertrages hinsichtlich des Schiffbestandes und der Rüstungen.

Im Ergebnis all dieser Faktoren hatte die Kaiserliche Marine aufgehört zu bestehen. Obwohl weit über die traditionelle Ebene hinausreichende Einflüsse in nicht unerheblichem Umfang erhalten geblieben waren und wenig später Reichs- und Kriegsmarine prägten, begann mit der vorläufigen und der Reichsmarine ein neuer Abschnitt der deutschen Marinegeschichte.

Bilder, Texte und Dokumente aus dem Amt Kriegsschiffbau

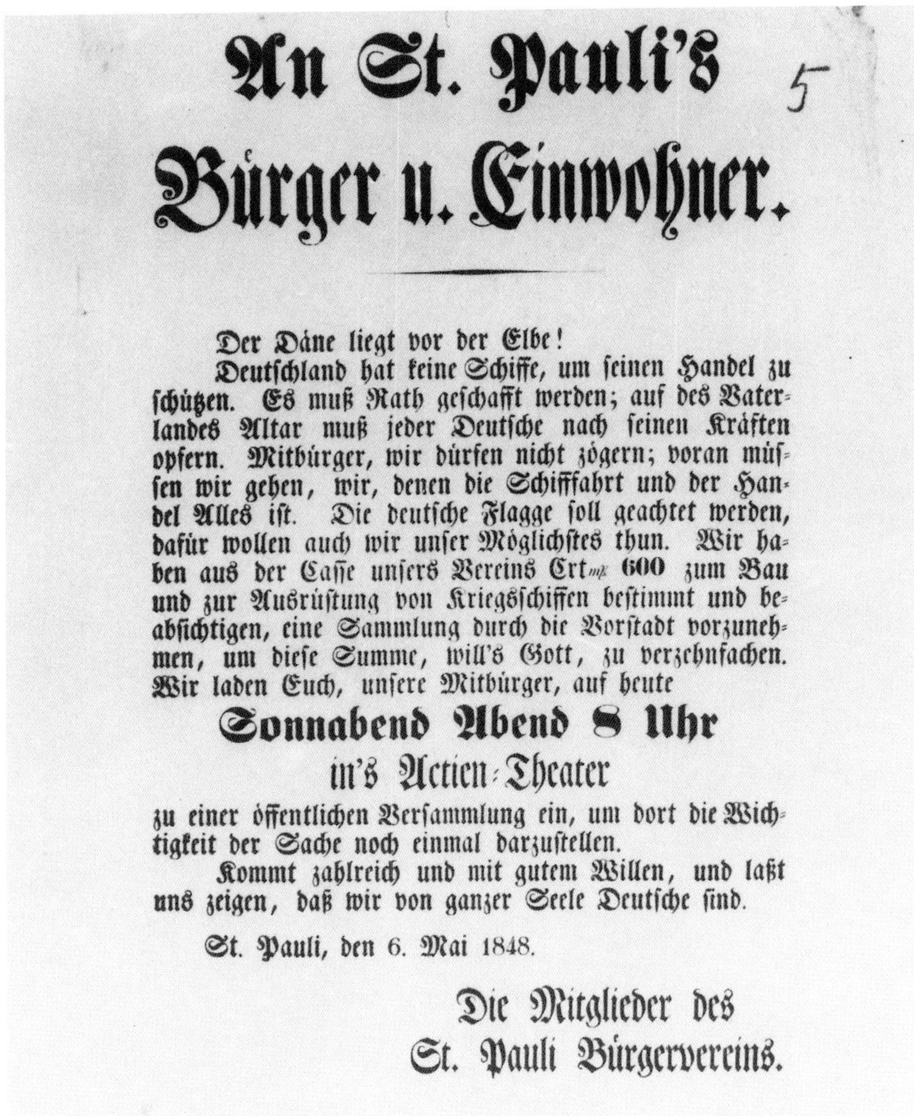

An St. Pauli's

Bürger u. Einwohner.

Der Däne liegt vor der Elbe!

Deutschland hat keine Schiffe, um seinen Handel zu schützen. Es muß Rath geschafft werden; auf des Vaterlandes Altar muß jeder Deutsche nach seinen Kräften opfern. Mitbürger, wir dürfen nicht zögern; voran müssen wir gehen, wir, denen die Schifffahrt und der Handel Alles ist. Die deutsche Flagge soll geachtet werden, dafür wollen auch wir unser Möglichstes thun. Wir haben aus der Casse unsers Vereins Crt mk 600 zum Bau und zur Ausrüstung von Kriegsschiffen bestimmt und beabsichtigen, eine Sammlung durch die Vorstadt vorzunehmen, um diese Summe, will's Gott, zu verzehnfachen. Wir laden Euch, unsere Mitbürger, auf heute

Sonnabend Abend 8 Uhr

in's Actien-Theater

zu einer öffentlichen Versammlung ein, um dort die Wichtigkeit der Sache noch einmal darzustellen.

Kommt zahlreich und mit gutem Willen, und laßt uns zeigen, daß wir von ganzer Seele Deutsche sind.

St. Pauli, den 6. Mai 1848.

Die Mitglieder des
St. Pauli Bürgervereins.

Eine Geburtsurkunde der ersten deutschen Marine. Der Aufruf hatte Erfolg. Der Bürgerverein St. Pauli konnte im August 1848 aus seinen Spenden ein Ruderkanonenboot mit 32 Riemen und zwei Geschützen stellen

«Friedrich Karl» (Aufnahme nach 1902) war in Frankreich (Toulon) entworfen und gebaut worden. 1867 in Dienst gestellt. Ab 1895 Torpedoschulschiff. 1902 in «Neptun» umbenannt, 1906 verkauft und abgebrochen

Die «König Wilhelm», ein Zentralbatterieschiff, wurde noch in England gebaut. Kurzzeitig das größte und stärkste Schiff der Preußisch-Deutschen Marine. Das Foto zeigt die Panzerfregatte nach ihrem 1895/96 erfolgten Umbau zum Großen Kreuzer. Die Takelung ist, bis auf zwei Maste, mit Gefechtsmarsen sowie mit einem kleinen Kreuzmast ausgebaut. Seit 1904 Hafenschiff in Kiel, ab 1909 Schulschiff der Marineschule, wurde das Schiff 1921 verkauft

Das Schiff gehörte neben «Großer Kurfürst» und «Preußen» zu den ersten auf deutschen Werften gebauten Panzerschiffen, woraus sich ungewöhnlich lange Bauzeiten ergaben. Neuartig, daß alle drei Schiffe auf einem Entwurf basierten. «Friedrich der Große» gehörte bis in die 90er Jahre zur Flotte, dann Hafenschiff, endete als Kohlenhulk

Die «Kaiser» nach ihrem Umbau zum Großen Kreuzer auf Reede vor einem tropischen Hafen. Sie war eines der letzten in England gebauten deutschen Großkampfschiffe. In den 80er Jahren zum Großen Kreuzer umgebaut, wurde sie 1904 als Hafenschiff in «Uranus» umbenannt

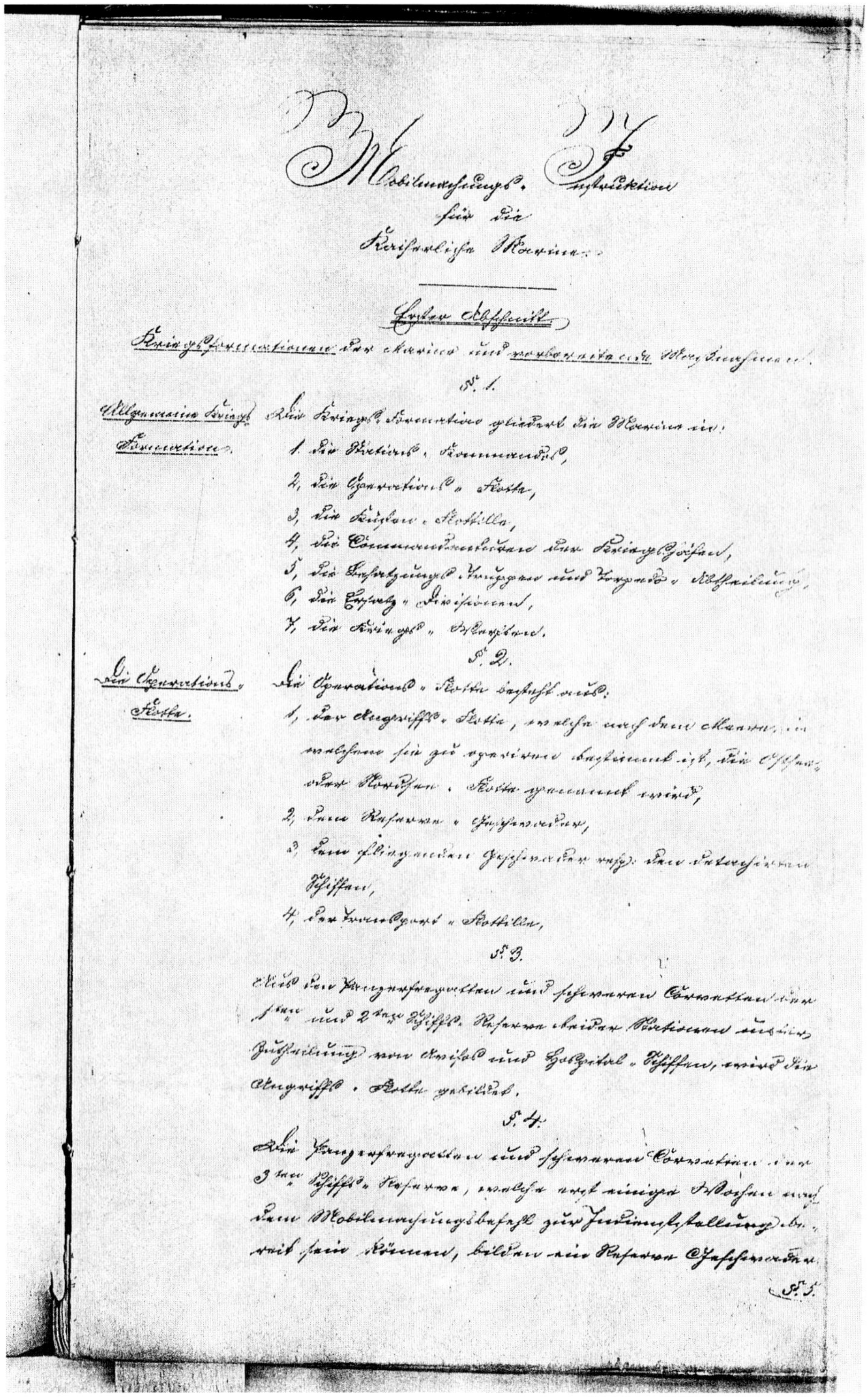
Mobilmachungs-Instruktion
für die
Kaiserliche Marine.

Erster Abschnitt

Kriegs-Formationen der Marine und vorbereitende Maßregeln.

§. 1.

Allgemeine Kriegs-Formation.

Die Kriegs-Formation gliedert die Marine in:
1. die Stations-Kommandos,
2, die Operations-Flotte,
3, die Küsten-Flottille,
4, die Commandanturen der Kriegshäfen,
5, die Besatzungs-Truppen und Depot-Abtheilung,
6, die Ersatz-Divisionen,
7, die Kriegs-Lazarethe.

§. 2.

Die Operations-Flotte.

Die Operations-Flotte besteht aus:
1, der Angriffs-Flotte, welche nach dem Meere, in welchem sie zu operiren bestimmt ist, die Ost- oder Nordsee-Flotte genannt wird,
2, dem Reserve-Geschwader,
3, dem fliegenden Geschwader resp. den detachirten Schiffen,
4, der Transport-Flottille,

§. 3.

Aus den Panzerfregatten und schweren Corvetten der 1sten und 2ten Schiffs-Reserve beider Stationen unter Zutheilung von Avisos und Hospital-Schiffen, wird die Angriffs-Flotte gebildet.

§. 4.

Die Panzerfregatten und schweren Corvetten der 3ten Schiffs-Reserve, welche erst einige Wochen nach dem Mobilmachungsbefehl zur Indienststellung bereit sein können, bilden ein Reserve-Geschwader.

§. 5.

Auszug aus den Mobilmachungsinstruktionen der jungen Kaiserlichen Marine für das Jahr 1871. Deutlich sichtbar die noch aus der ersten Hälfte des 19. Jahrhunderts herrührenden Einflüsse auf die Mobilisierung und die Einsatzvorstellungen der Flotte

2.

§. 5.

Die leichten Corvetten bilden ein fliegendes Geschwader, resp. werden einzeln mit besonderen Aufträgen detachirt.

§. 6.

Die Transport-Flottille wird aus den der Marine gehörigen Transport-Dampfern und aus Privat-Dampfern gebildet, welche auf Grund des Kriegsleistungs-Gesetzes gegen Entschädigung heranzuziehen sind.

§. 7.

Die Küsten-Flottillen. Die Kanonenfahrzeuge, sowie die übrigen zur Küsten-Vertheidigung bestimmten Fahrzeuge (Torpedoboote pp.) einer jeden Station bilden je eine Küsten-Flottille und zwar die „Küsten-Flottille der Ostsee“ und die „Küsten-Flottille der Nordsee.“

§. 8.

Jeder Küsten-Flottille sind in der Regel außerdem, ganz oder theilweise vom Personal der Torpedo-Abtheilung besetzte Torpedo-Fahrzeuge zugetheilt, um mit Offensiv-Torpedos zu operiren.

§. 9.

Die Wachtschiffe. Die Wachtschiffe bleiben bei den Kriegsformationen außer Betracht, soweit nicht über einzelne als Logisschiffe für die Ersatz-Division oder als schwimmende Batterie besondere Bestimmungen getroffen werden.

§. 10.

Die Besatzungs-Truppen und die Torpedo-Abtheilung. Die Besatzungs-Truppen werden formirt aus dem See-Bataillon und aus der See-Artillerie-Abtheilung und zwar für Wilhelmshaven, 1 Bataillon à 4 Compagnien und 1 Reserve-Compagnie und 1 Artillerie-Abtheilung von 2 Compagnien, für Kiel und Friedrichsort: 1 Bataillon à 4 Compagnien und 1 Reserve-Compagnie und 1 Artillerie-Abtheilung à 4 Compagnien.

§. 11.

Aus der Torpedo-Abtheilung der Nordsee-Station

wird

Dieses Foto der «Otter» wie auch eine ganze Serie weiterer Schiffsbilder des Bestandes trägt französische Beschriftung. Der Zweck und Ursprung dieser Aufnahmen sind nicht ersichtlich. «Otter» lief 1877 vom Stapel und sollte in den chinesischen Gewässern gegen Piraten eingesetzt werden. Gut erkennbar die Schonertakelung. Das Schiff blieb, da es sich als eine wenig gelungene Konstruktion herausstellte, in den heimischen Gewässern, wo es als Minenausbildungsfahrzeug diente. 1913 verkauft, erfolgte erst 1926 der Abbruch

Die «Sachsen», ein Schiff einer zwischen 1874 und 1876 gebauten Klasse, stellte im Oktober 1878 in Dienst. Das bei Vulcan, Stettin, gebaute, 7677 ts große Zentralzitadellschiff wurde in der zweiten Hälfte der 90er Jahre umgebaut (Foto). Aus den ehemals typischen, im Viereck angeordneten vier Schornsteinen war einer geworden. Die wegen ihres ungewöhnlichen Aussehens als «Zementfabrik» bezeichneten Schiffe hatten erstmals eine Panzerung aus einheimischer Produktion

Die bei Schichau 1879 von Stapel gelaufene «Möwe» war ein eisernes, barkgetakeltes Kanonenboot für den Einsatz in den Kolonien. Ihre Maschine mit 800 PSi verlieh ihr etwa 11,5 kn. Sie war mit einer 15-cm- sowie mit vier 12-cm-Kanonen bewaffnet und hatte eine Besatzung von 127 Mann. Sie beendete ihre Laufbahn als Hulk im deutschen Pachtgebiet Tsingtau. 1910 wurde sie verkauft

Die «Oldenburg», ein Amtsentwurf, blieb auf Grund ihres geringen Gefechtswertes ein Einzelschiff. 1884 bei Vulcan, Stettin, vom Stapel gelaufen, bekam sie wegen ihrer hohen Aufbauten in der Marine den Spitznamen «Plätteisen». Das letzte für die deutsche Marine gebaute Kasemattschiff wurde ab 1900 Hafenwachtschiff und 1912 aus der Liste der Kriegsschiffe gestrichen. 1919 verkauft und abgebrochen

«Olga» gehörte zur «Carola»-Klasse und wurde 1881 in Dienst gestellt. Beim Umbau 1889 ließ man die Takelage weg. In der Folgezeit als Schulschiff eingesetzt. 1906 verkauft, wurde es 1908 abgebrochen

«Arcona», seit 1902 unter dem Namen «Merkur», wurde 1881 auf der Kaiserlichen Werft in Danzig auf Kiel gelegt und 1886 in Dienst gestellt. Sie war wie die übrigen Glattsdeckkorvetten der «Carola»-Klasse zu diesem Zeitpunkt bereits veraltet. Das Schiff, anfänglich in Übersee stationiert, diente dann als Schulschiff und wurde 1906 abgebrochen

Auf der Kaiserlichen Werft Wilhelmshaven 1883 vom Stapel gelaufen, war die «Charlotte» das letzte Segelschiff der Kaiserlichen Marine. Bei ihrer ersten Ausbildungsreise 1888 befanden sich 50 Seekadetten und 230 Schiffsjungen an Bord. Ab 1893 offiziell Schulschiff. Während ihrer Fahrten spektakuläre Einsätze 1897 vor Haïti, 1899 in Tanger und 1902 vor Venezuela. 1909 außer Dienst, fand sie zunächst als Wohnschiff Verwendung und wurde 1921 verkauft

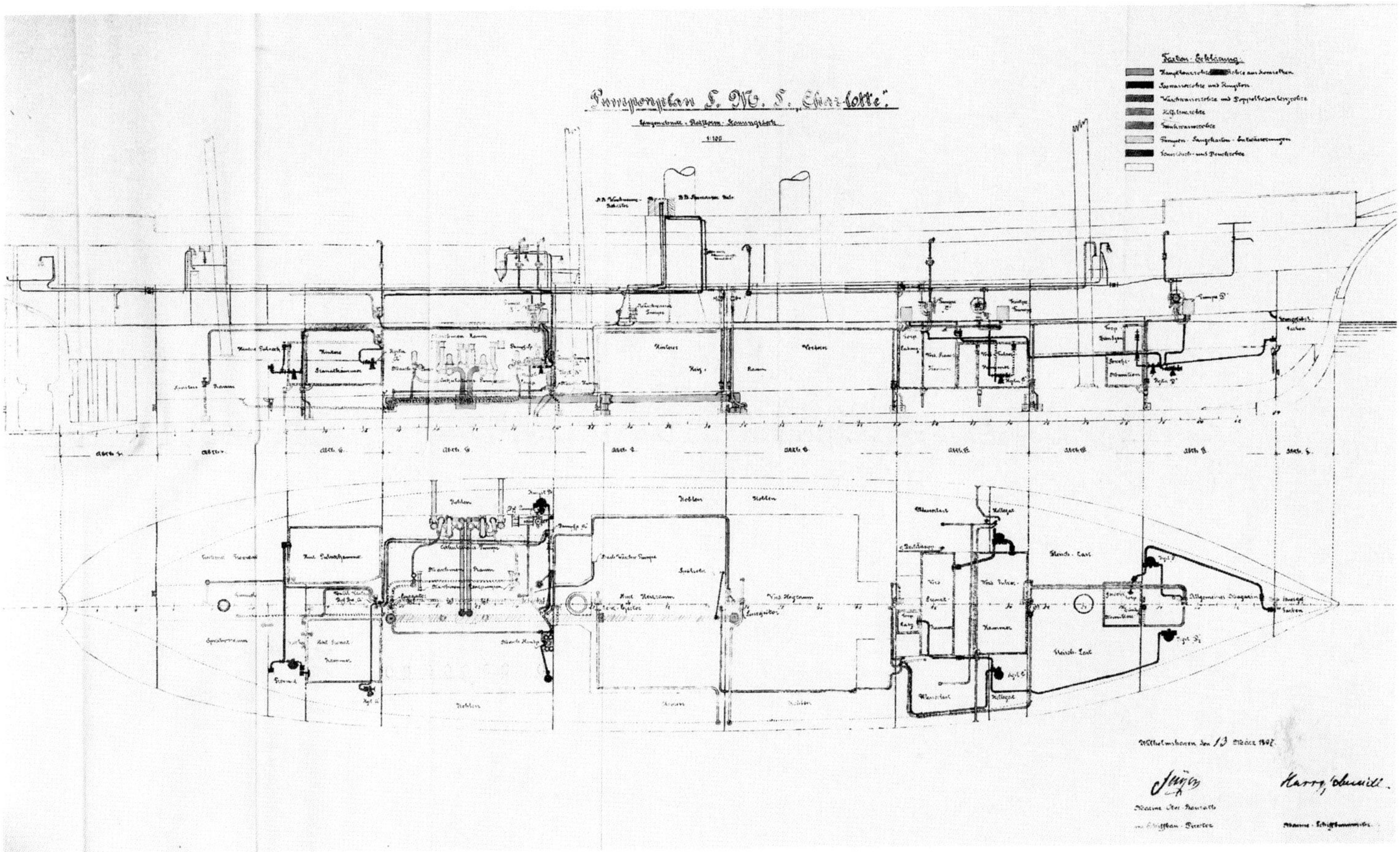

Pumpenplan der «Charlotte» nach ihrem Umbau in den Jahren 1903 bis 1907 in Kiel

Die «Prinzess Wilhelm» gehörte mit ihrem Schwesterschiff «Irene» zu den ersten deutschen Geschützten Kreuzern. Im November 1889 in Dienst, erreichte sie mit 8 000 PSi eine Geschwindigkeit von 18 kn. Sie verdrängte 4 947 ts. Ab 1914 Minenhulk, wurde sie 1922 abgewrackt

Das Schiff stellte 1893 in Dienst. Die Bewaffnung des 1 093 ts verdrängenden Aviso bestand aus vier 8,8-cm-Kanonen sowie aus drei 35-cm-Torpedorohren. 115 Mann bildeten seine Besatzung. Ab 1911 als Hulk genutzt, danach (1919) abgebrochen

«Meteor» lief, wie das Foto aussagt, am 25.1.1890 auf der Kaiserlichen Werft in Danzig vom Stapel. Sie hatte, wie ihr Schwesterschiff «Comet», schlechte Fahreigenschaften und erreichte 19,5 kn. Bereits 1903 außer Dienst gestellt und ab 1911 als Hulk verwandt

Der sofort nach seinem Stapellauf von «Kaiseradler» in «Seeadler» umbenannte Kleine Kreuzer der «Bussard»-Klasse war für den Übersee-Einsatz vorgesehen. Nach Umbau während der Jahrhundertwende hatte das Schiff nur noch zwei Masten. Nach 1914 als Minenhulk eingesetzt, ging das Schiff 1917 in der Jademündung nach einer Minenexplosion verloren

Die «Brandenburg», Typschiff einer Klasse von vier Linienschiffen aus den letzten Jahren vor Beginn des Großkampfschiffbaues in Deutschland. Ihr besonderes Kennzeichen, eine starke Schwere Artillerie mit unterschiedlichen Kaliberlängen. 1893 in Dienst gestellt, hatte die «Brandenburg» als eines der ersten deutschen Kriegsschiffe eine Funkanlage an Bord. Im Ersten Weltkrieg gehörte sie seit 1915 zum Küstenschutzverband, diente seit 1916 als Wohnschiff und wurde 1920 abgebrochen

«Kurfürst Friedrich Wilhelm», ein Schwesterschiff der «Brandenburg», lief am 30.6.1891 auf der Kaiserlichen Werft Wilhelmshaven von Stapel. 1910 an die Türkei verkauft, fiel sie als «Heireddin Barbarossa» 1915 einem britischen U-Boot zum Opfer

Das hintere Breitseitrohr der sechs 45-cm-Torpedorohre der «Kurfürst Friedrich Wilhelm», die darüber hinaus noch sechs 28-cm- und sechs 10,5-cm-Geschütze sowie 12 MGs führte

Aufnahmen von schiffbaulichen Versuchen mit der «Kurfürst Friedrich Wilhelm». Im Hintergrund ein weiteres Schiff der «Brandenburg»-Klasse

Aufnahmen vom 7. und 10. 11. 1894 der «Kurfürst Friedrich Wilhelm». Beachtenswert die noch in der Segelschiff-Tradition liegende opulente Bug- und Heckzier des Schiffes sowie die sich relativ niedrig über dem Deck erstreckenden Rohre der Schweren Artillerie

Archiv K I. Nr. 46
S. M. S. „Kronpr. Friedr. Wilhelm".
(1889)
Totalansicht von links.

«Odin» gehörte zu den Küstenpanzerschiffen der «Siegfried»-Klasse. Die 3 691 ts verdrängenden Schiffe sollten die deutschen Flußmündungen verteidigen. Von der Hauptbewaffnung, den drei 24-cm-Geschützen, standen die beiden vorderen Türme nebeneinander. In den Jahren 1900 bis 1904 umgebaut, wurden die Schiffe länger und hatten zwei Schornsteine. «Odin» kam 1915 zum Küstenschutz. Nach dem Krieg zum Motorschiff umgebaut, fuhr sie als Frachter

Das Küstenpanzerschiff «Ägir» hatte sechs Dynamomaschinen mit Expansionsmaschinenantrieb mit 120 Volt, 243–250 kW. Beachtenswert die modische Form der Lampenschirme vor der Schalttafel

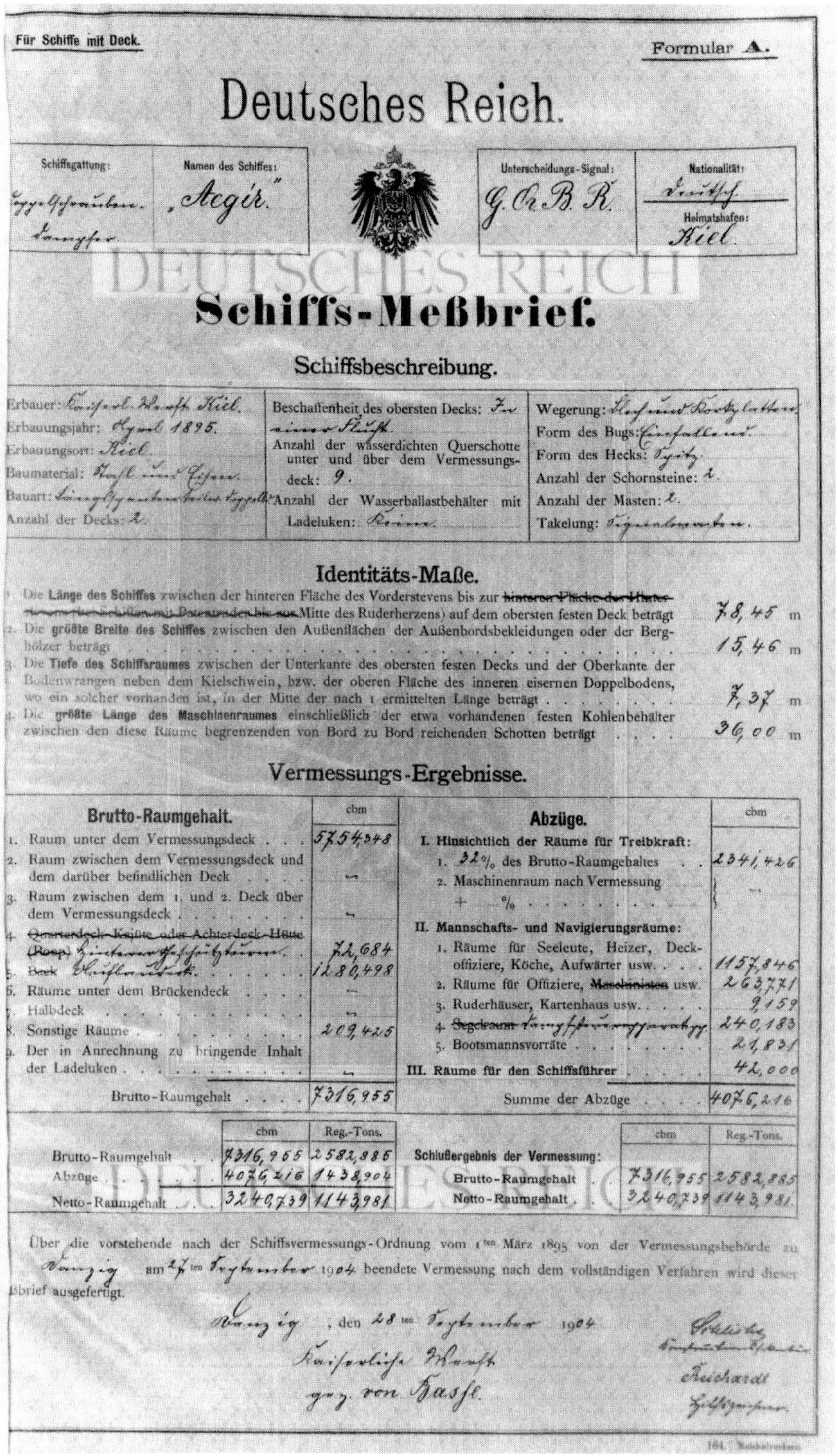
Für Schiffe mit Deck. Formular A.

Deutsches Reich.

Schiffsgattung:	Namen des Schiffes:	Unterscheidungs-Signal:	Nationalität:
Panzerschiff Dampfer	„Aegir."	G. Q. B. R.	Deutsch
			Heimatshafen: Kiel.

Schiffs-Meßbrief.

Schiffsbeschreibung.

Erbauer: Kaiserl. Werft Kiel.	Beschaffenheit des obersten Decks:	Wegerung:
Erbauungsjahr: April 1895.		Form des Bugs:
Erbauungsort: Kiel.	Anzahl der wasserdichten Querschotte unter und über dem Vermessungsdeck: 9.	Form des Hecks:
Baumaterial:		Anzahl der Schornsteine: 2.
Bauart:	Anzahl der Wasserballastbehälter mit Ladeluken:	Anzahl der Masten: 2.
Anzahl der Decks: 2.		Takelung:

Identitäts-Maße.

1. Die Länge des Schiffes zwischen der hinteren Fläche des Vorderstevens bis zur ~~hinteren Fläche des Hintersteven~~ ~~bei Schiffen mit Ruderpfosten bis zur~~ Mitte des Ruderherzens) auf dem obersten festen Deck beträgt 78,45 m
2. Die größte Breite des Schiffes zwischen den Außenflächen der Außenbordsbekleidungen oder der Berghölzer beträgt 15,46 m
3. Die Tiefe des Schiffsraumes zwischen der Unterkante des obersten festen Decks und der Oberkante der Bodenwrangen neben dem Kielschwein, bzw. der oberen Fläche des inneren eisernen Doppelbodens, wo ein solcher vorhanden ist, in der Mitte der nach 1 ermittelten Länge beträgt 7,37 m
4. Die größte Länge des Maschinenraumes einschließlich der etwa vorhandenen festen Kohlenbehälter zwischen den diese Räume begrenzenden von Bord zu Bord reichenden Schotten beträgt 36,00 m

Vermessungs-Ergebnisse.

Brutto-Raumgehalt.	cbm	Abzüge.	cbm
1. Raum unter dem Vermessungsdeck	5754,348	I. Hinsichtlich der Räume für Treibkraft: 1. 32 % des Brutto-Raumgehaltes	2341,426
2. Raum zwischen dem Vermessungsdeck und dem darüber befindlichen Deck	–	2. Maschinenraum nach Vermessung + %	–
3. Raum zwischen dem 1. und 2. Deck über dem Vermessungsdeck	–	II. Mannschafts- und Navigierungsräume:	
4. ~~Quarterdeck, Kajüte oder Achterdeck-Hütte (Poop)~~	72,684	1. Räume für Seeleute, Heizer, Deckoffiziere, Köche, Aufwärter usw.	1157,846
5. ~~Back~~	1280,498	2. Räume für Offiziere, ~~Maschinisten~~ usw.	263,771
6. Räume unter dem Brückendeck	–	3. Ruderhäuser, Kartenhaus usw.	9,159
7. Halbdeck	–	4. ~~Segelraum~~	240,183
8. Sonstige Räume	209,425	5. Bootsmannsvorräte	21,831
9. Der in Anrechnung zu bringende Inhalt der Ladeluken	–	III. Räume für den Schiffsführer	42,000
Brutto-Raumgehalt	7316,955	Summe der Abzüge	4076,216

	cbm	Reg.-Tons.
Brutto-Raumgehalt	7316,955	2582,885
Abzüge	4076,216	1438,904
Netto-Raumgehalt	3240,739	1143,981

Schlußergebnis der Vermessung:	cbm	Reg.-Tons.
Brutto-Raumgehalt	7316,955	2582,885
Netto-Raumgehalt	3240,739	1143,981

Über die vorstehende nach der Schiffsvermessungs-Ordnung vom 1ten März 1895 von der Vermessungsbehörde zu Danzig am 27ten September 1904 beendete Vermessung nach dem vollständigen Verfahren wird dieser Meßbrief ausgefertigt.

Danzig, den 28ten September 1904

Kaiserliche Werft

gez. von Basse.

Reichardt

Die «Ägir» stellte 1896 in Dienst. Sie fiel, wie alle Küstenpanzerschiffe, durch die Wölbung der Außenhaut und die runden Turmkuppeln auf. Sie wurde 1919 zum Frachtschiff umgebaut und strandete 1929 vor Gotland

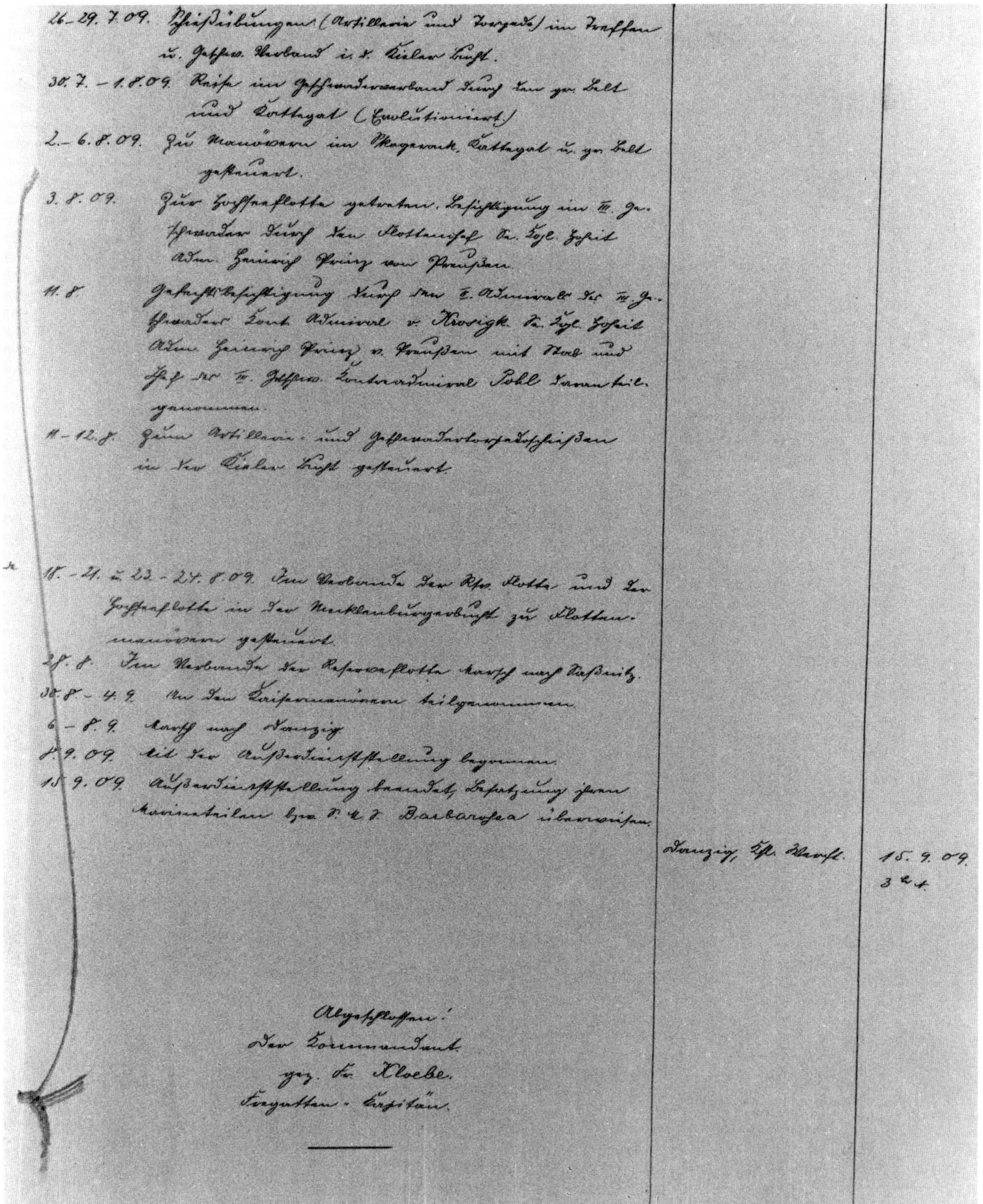

26.–29.7.09. Schießübungen (Artillerie und Torpedo) im Verbande u. Geschw. Verband i. d. Kieler Bucht.
30.7.–1.8.09. Reise im Geschwaderverband durch den gr. Belt und Kattegat (Evolutionieren)
2.–6.8.09. Zu Manövern im Skagerrak, Kattegat u. gr. Belt gedampft.
3.8.09. Zur Hochseeflotte getreten. Besichtigung im III. Geschwader durch den Flottenchef Se. Kgl. Hoheit Adm. Heinrich Prinz von Preußen.
11.8. Gefechtsbesichtigung durch den II. Admiral des III. Geschwaders Kont. Admiral v. Krosigk. Se. Kgl. Hoheit Adm. Heinrich Prinz v. Preußen mit Stab und Chef des III. Geschw. Kontreadmiral Pohl Theil genommen.
11.–12.8. Zum Artillerie- und Geschwadertorpedoschießen in der Kieler Bucht gedampft.
18.–21. u. 23.–27.8.09. Im Verbande der Res. Flotte und der Hochseeflotte in der Mecklenburgerbucht zu Flottenmanövern gedampft.
28.8. Im Verbande der Reserveflotte nach Saßnitz.
30.8.–4.9. An den Kaisermanövern teilgenommen.
6.–8.9. nach Danzig.
8.9.09. Mit der Außerdienststellung begonnen.
15.9.09. Außerdienststellung beendet, Besatzung zum Marineteilen bzw. S.M.S. Barbarossa überwiesen. | Danzig, Ksl. Werft. | 15.9.09. 3 [illegible]

Abgeschlossen!
Der Kommandant
gez. [illegible] Kloebe
Fregatten-Kapitän

Schlußseite des Schiffstagebuches der «Ägir». Aus ihr geht hervor, wie buchstäblich bis zum letzten Tag vor der Außerdienststellung der Ausbildungsbetrieb fortgesetzt wurde

Der seinerzeit modernste Kleine Kreuzer der Kaiserlichen Marine, bei der A. G. Weser gebaut und am 23. 11. 1898 in Dienst gestellt, hatte ein interessantes Schicksal. «Niobe» wurde nach dem Ersten Weltkrieg und anschließendem Umbau von der Reichsmarine übernommen. 1925 an Jugoslawien verkauft, fuhr sie Anfang des Zweiten Weltkrieges als italienisches Beuteschiff. 1943 von der Kriegsmarine übernommen, gehörte sie kurzzeitig zur Kroatischen Marine und wurde im Dezember 1943 von drei britischen MTB's in der Adria versenkt

Die Pläne für die «Fürst Bismarck» waren im K-Department des Reichsmarineamtes entstanden. Der erste deutsche Panzerkreuzer hatte um die Wasserlinie eine Panzerung von 203 mm und ein Schutzdeck von 51 mm Stärke. Die «Fürst Bismarck» war ein schnelles, repräsentatives und gut bewaffnetes Schiff für den Auslandseinsatz. Am 1. 4. 1900 in Dienst gestellt, wurde sie sofort im Kampf gegen die «Boxer» eingesetzt und verblieb bis 1909 in Übersee. Von 1910 bis 1915 umgebaut, diente die «Fürst Bismarck» im Küstenschutz und wurde 1919 abgebrochen

Das Linienschiff «Kaiser Wilhelm der Große» gehörte zur «Kaiser»-Klasse, die 11 599 ts verdrängte. Es stellte am 5. 5. 1901 in Dienst. Auffallend war seine starke Mittelartillerie. Die Schiffe dieser Klasse erwiesen sich trotz Umbau in den Jahren 1907 bis 1910 als wenig effektiv. Die «Kaiser Wilhelm der Große» wurde 1920 abgebrochen

Die «Wettin» gehörte zur «Wittelsbach»-Klasse und damit zu den ersten Schiffen der in der Tirpitz-Ära eingebrachten Flottengesetze. Auf der Schichau-Werft in Danzig gebaut, stellte sie 1902 in Dienst. Nach Einsätzen in der Ostsee während des Ersten Weltkrieges wurde das Schiff desarmiert und 1922 abgebrochen

Getriebekessel der «Wittelsbach». Ihre Maschine erbrachte eine Leistung von 14 483 PSi und bestand aus drei stehenden dreizylindrigen Expansionsmaschinen, sechs Marinekesseln und sechs querstehenden Zylinderkesseln

Umbau der «Heimdall» 1901/02. Das Küstenpanzerschiff hatte 1894 in Dienst gestellt. Nach dem Umbau war es von 3 691 ts auf 4 158 ts, die Länge über alles von 79 m auf 86,16 m gewachsen. Dennoch war das Schiff, wie die übrigen dieser Klasse, für den Einsatz im Ersten Weltkrieg wenig geeignet. 1916 desarmiert, wurde «Heimdall» 1917 verkauft

Das Kanonenboot «Panther» gehört zu den Schiffen der Kaiserlichen Marine, die in die Geschichte eingingen. Zur Wahrung «deutscher Interessen» wurde es 1911 vor Agadir entsandt (Panthersprung). Ursprünglich für den Kolonialeinsatz vorgesehen, überlebte das 1 193 ts verdrängende Schiff den Ersten Weltkrieg als Wohnschiff

Der Große Kreuzer «Prinz Heinrich» war für den Übersee-Einsatz vorgesehen. Das Einzelschiff stellte im März 1902 in Dienst. An den Vorgänger «Fürst Bismarck» angelehnt, war es kleiner, aber schneller. Die «Prinz Heinrich» gehörte nach 1914 zu den Ostseestreitkräften. 1916 außer Dienst, fand sie als Wohn- und Büroschiff Verwendung. 1920 wurde das Schiff abgewrackt

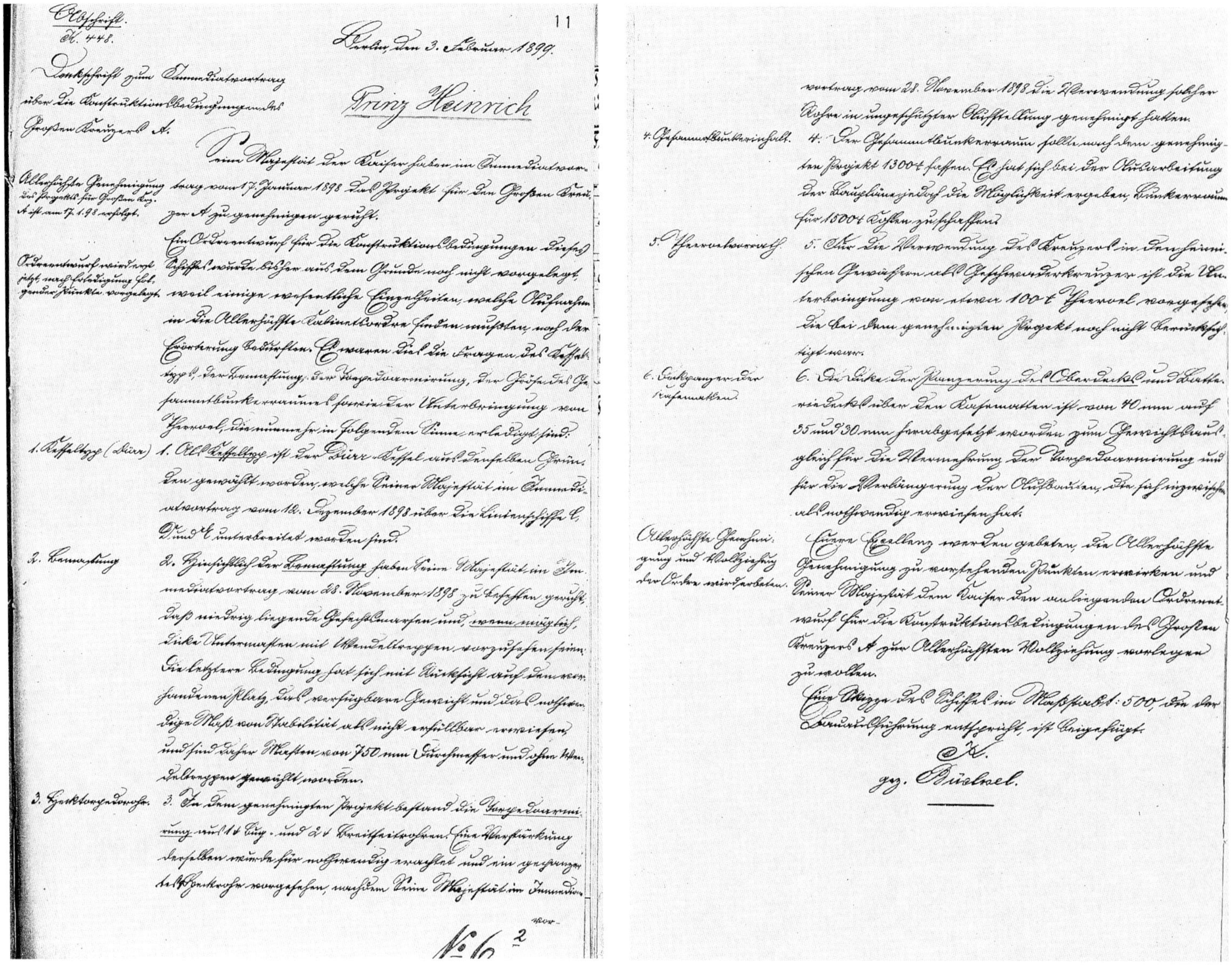

Abschrift.

Berlin, den 3. Februar 1899.

Prinz Heinrich

Dokumente aus der Planungsphase der «Prinz Heinrich»

Abschrift.
K. 448.

Prinz Heinrich

12

Ich bestimme, daß für den Großen Kreuzer A die folgenden Konstruktionsbedingungen maßgebend sein sollen: 1. Die Abmessungen betragen: Länge zwischen den Perpendikeln 120,0 m, Breite 19,60 m, Tiefgang normal ausgerüstet 7,33 m; ungefähres Deplacement hierbei 8900 t. 2. Der Schiffskörper ist nach dem Längs- und Querspantensystem zu erbauen, erhält einen Doppelboden von etwa 68 m Länge, Wallgangschotte sowie Querschotte in genügender Zahl. Ein Mittelgang unter Wasser nebst Zentralkommandostelle ist vorzusehen. Ueber Wasser erhält der Kreuzer 3 durchlaufende Decks, eine lange Back und einen kleinen Aufbau. Die Bemastung besteht aus zwei dünnen Gefechtsmasten mit niedrig liegenden Marsen. 3) Das Schiff erhält folgende Panzerung: In der ganzen Schiffslänge ein gewölbtes Panzerdeck, das vorn und achtern 1,43 m unter Wasser, mittschiffs im horizontalen Theil 0,43 m über Wasser, an den Schiffsenden 1,0 bis 1,7 m unter Wasser liegt. Die schrägen Seiten des Decks sind auf eine Länge von etwa 61 m 50 mm, im Uebrigen ist das Deck 40 und 35 mm, über den hinteren Maschinen 60 mm dick. Auf dem Panzerdeck steht, bis zum Zwischendeck reichend, der Panzergürtel von 2,0 m Höhe, der mittschiffs auf eine Länge von etwa 53½ m eine Dicke von 100 mm, an den Schiffsenden eine solche von 80 mm besitzt. Das Zwischendeck über dem Gürtel der Schiffsenden erhält eine Dicke von 20 mm. Auf dem Gürtel steht die untere Kasematte von etwa 58½ m Länge, deren Seitenwände und Querschotte 100 mm dick gepanzert werden und auf dieser die ebenso dick gepanzerte, etwa 36 m lange, obere Kasematte für 6-15 cm S.K., welche durch 50 mm dicke Splitterschotte voneinander getrennt werden. Die Decke der Geschützkasematte ist 35 mm, die der unteren Kasematte 30 mm dick zu panzern. Die 4-15 cm Drehthürme erhalten eine 100 und 80 mm dicke Panzerung, die beiden 24 cm Drehthürme und Unterbauten eine solche von 150 mm und deren Schächte eine solche von 100 mm. Der vordere Kommandothurm wird 150 mm, sein Schacht 80 mm und der auf dem vorderen Kommandothurm stehende Artilleriethurm 100 mm dick gepanzert. Der hintere Kommandothurm und dessen Schacht werden aus 12 mm dickem Spezialstahl hergestellt. Die Vertikalpanzerungen sind aus gehärtetem Nickelstahl, die

die oberen Lagen der Horizontalpanzerungen aus Panzerdeckstahl herzustellen. Außerhalb der unteren Kasematte ist ein bis an die Enden des Schiffes reichender Korkdamm auf dem Zwischendeck vorzusehen, dessen Oberkante im Allgemeinen 1,6 m über Wasser reicht, im Vorschiff der Länge nach entsprechend hochgezogen wird. 4) Die Artillerie soll aus folgenden Geschützen bestehen: 2-24 cm S.K. L/40 in zwei gepanzerten Drehthürmen mit je 70 Schuß, 10-15 cm S.K. L/40 in Wiegenlafetten mit je 120 Schuß (6 der Geschütze sind in der oberen Kasematte, 4 Stück einzeln in Drehthürmen aufzustellen) 10-8,8 cm S.K. L/30 mit 12 mm dicken Schutzschilden und je 250 Schuß, 10-3,7 cm Masch. K. mit je 1500 Schuß, 4-8 mm Masch. Gew. mit je 10 000 Schuß. 5.) Die Torpedoarmierung besteht aus: 1 Bugrohr, 2 Breitseitrohren und 1 gepanzerten Heckrohr von 45 cm Kaliber mit der vorschriftsmäßigen Zahl von Torpedos. 6) Das Schiff erhält 3 Schrauben mit 3 voneinander unabhängigen 3 cylindrigen Maschinen in 3 getrennten Räumen. Die Gesammtleistung soll etwa 15000 indizirte Pferdestärken betragen. Die Kesselanlage besteht aus Wasserrohrkesseln nach dem System Dürr in 4 getrennten Räumen. 7.) Der normale Kohlenvorrath beträgt 950 t, es ist jedoch Bunkerraum für 1500 t Kohlen vorzusehen. Der Unterbringung von etwa 100 t Theeröl ist Rechnung zu tragen. 8. Der Kreuzer ist für den Divisionsstab einzurichten.

Berlin, Schloß, den 6. Februar 1899.

gez. Wilhelm I. R.

In Vertretung des Reichskanzlers
gez. Tirpitz

An den Reichskanzler (Reichs-Marine-Amt)

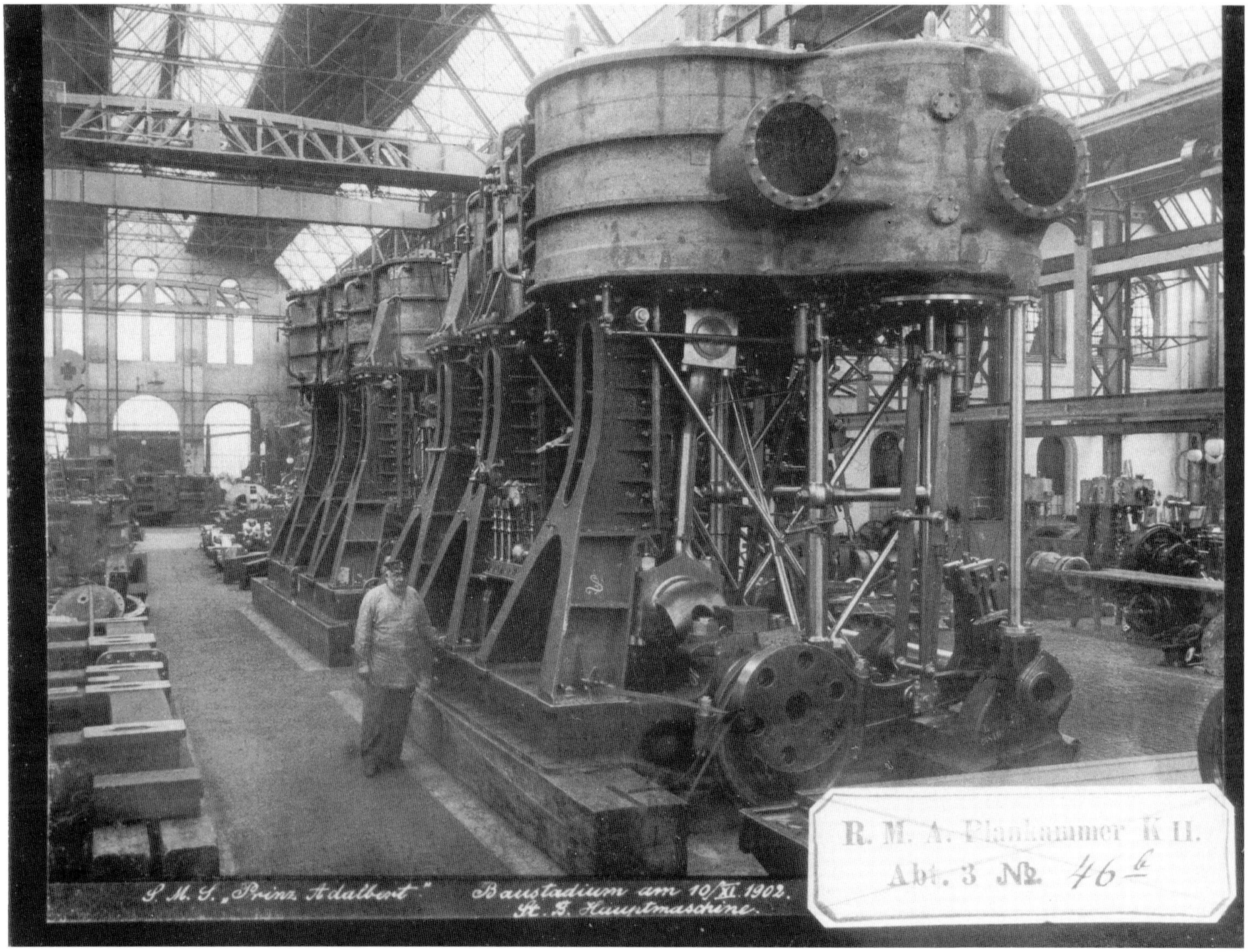

Gegen Ende des 19. Jahrhunderts war der Kriegsschiffbau vom Handwerk zur Wissenschaft geworden. Wo früher Erfahrungen von Generationen gefragt waren, traten jetzt exakte Messungen und Berechnungen in den Vordergrund. Die Abbildung zeigt einen Modellversuch der «Prinz Heinrich»

«Prinz Adalbert», ein weiterer Großer Kreuzer. Er unterschied sich wenig von der «Prinz Heinrich». Er hatte drei stehende dreizylindrige Dreifachexpansionsmaschinen von 18 500 PSi und erreichte damit eine Geschwindigkeit von 20 kn

Das bei Schichau für China gebaute Torpedoboot «Haj Ying» wurde 1900 während des sogenannten Boxeraufstandes zusammen mit drei anderen erobert. Die Beute teilten sich Großbritannien, Frankreich, Rußland und Deutschland. Die Kaiserliche Marine stellte «Haj Ying» als «Taku» (Bild) in Dienst. Das Boot ging 1914 in Tsingtau verloren

Das Flußkanonenboot «Tsingtau» stellte 1903 in Dienst. Es kam als Stationär auf den Whampoa-Fluß in China. 1914 aufgelegt, versenkte die Besatzung das Boot nach der chinesischen Kriegserklärung 1917 selbst

Stapellauf der «Lothringen» am 12. 6. 1901 bei Schichau. Die von Wilhelm II. geführten Ehrengäste treffen ein

Heckansicht der «Lothringen». Die Klüse für den Heckanker, das Ruder, die Schraube sowie das Hecktorpedorohr an Backbord sind deutlich zu erkennen. Die «Lothringen» gehörte zur «Braunschweig»-Klasse, stellte 1906 in Dienst und wurde 1926 zum Fernlenkschiff umgebaut. 1944 durch Bomben zerstört, dichtete man sie bei Kriegsende provisorisch ab und versenkte sie in der Einfahrt nach Gdynia. 1949/50 wurde das Wrack verschrottet

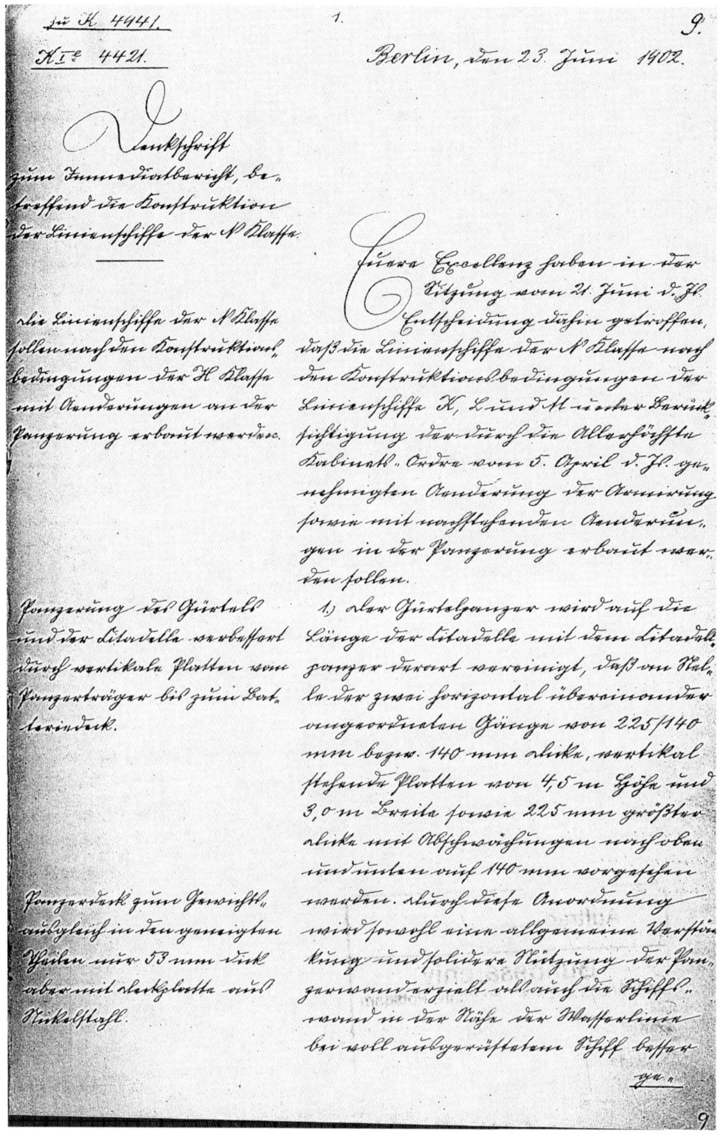
zu K 4941.
K I° 4421.

1. 9.

Berlin, den 23. Juni 1902.

Denkschrift zum Immediatbericht, betreffend die Konstruktion der Linienschiffe der N Klasse.

Euere Excellenz haben in der Sitzung vom 21. Juni d. Js. Entscheidung dahin getroffen, daß die Linienschiffe der N Klasse nach den Konstruktionsbedingungen der Linienschiffe K, L und M unter Berücksichtigung der durch die Allerhöchste Kabinets-Ordre vom 5. April d. Js. genehmigten Aenderung der Armirung sowie mit nachstehenden Aenderungen in der Panzerung erbaut werden sollen.

Die Linienschiffe der N Klasse sollen nach den Konstruktionsbedingungen der H Klasse mit Aenderungen an der Panzerung erbaut werden.

1.) Der Gürtelpanzer wird auf die Länge der Citadelle mit dem Citadellpanzer derart vereinigt, daß an Stelle der zwei horizontal übereinander angeordneten Gänge von 225/140 mm bezw. 140 mm Dicke, vertikal stehende Platten von 4,5 m Höhe und 3,0 m Breite sowie 225 mm größter Dicke mit Abschrägungen nach oben und unten auf 140 mm vorgesehen werden. Durch diese Anordnung wird sowohl eine allgemeine Verstärkung und solidere Stützung der Panzerwand erzielt als auch die Schiffswand in der Nähe der Wasserlinie bei voll ausgerüstetem Schiff besser ge-

Panzerung des Gürtels und der Citadelle verbessert durch vertikale Platten vom Panzerträger bis zum Batteriedeck.

Panzerdeck zum Gewichtsausgleich in den geneigten Theilen nur 53 mm dick aber mit Deckplatte aus Nickelstahl.

9

Das Linienschiff «N», die «Deutschland», war das Typschiff einer Klasse, deren Bau bereits vom Trend zum Großkampfschiff überschattet wurde. Sie nahm an der Skagerrak-Schlacht im Verband des III. Geschwaders teil. 1920/22 wurde die «Deutschland» abgewrackt. Beachte den Hinweis auf den Vermerk des Kaisers

gestützt. Zum Ausgleich des hierdurch entstehenden Mehrgewichts sind die geneigten Theile des Panzerdecks, welche bisher aus drei Lagen weichen Flusseisens von insgesammt 75 mm Dicke bestanden, aus 2 Lagen von insgesammt 53 mm Dicke angeordnet, von welchen die obere Lage aus 40 mm dickem Nickelstahl besteht.

Vordere 28 cm Barbette wird von 280 mm oben auf 250 mm unten verjüngt.

2.) Von der auf den Linienschiffen der H Klasse vorgenommenen Verstärkung der vorderen 28 cm Barbette in der ganzen Höhe wird Abstand genommen, doch wird versucht werden, den oberen Theil auf 280 mm Dicke zu belassen.

Vorderer Kommandothurm erhält durchweg eine Verstärkung auf 300 mm Dicke.

Der Kasemattpanzer wird entsprechend den zur Verfügung stehenden Gewichten über 150 mm verstärkt.

3.) Die hierdurch sich ergebenden Mindergewichte werden unter Heranziehung eines Theils der Deplacements-Vergrößerung durch Erhöhung des Konstruktionstiefgangs auf 7,7 m (früher 7,653 m), verwandt zur Verstärkung des Kommandothurms in allen Platten auf 300 mm Dicke und zur Verstärkung des Kasemattpanzers entsprechend den bei der Durcharbeitung der Schiffslinien etwa sich ergebenden Reservegewichte.

Die Baukosten erhöhen sich auf rund 300000 Mark.

Durch die Änderung der Panzerung werden sich die Baukosten der neuen Linienschiffe um rund 300000 Mark gegenüber den Linienschiffen der H Klasse erhöhen.

Die

Skizze der Linienschiffe der N Klasse sowie der bisherigen und neuen Panzeranordnung.

Die anliegende Skizze giebt die Linienschiffe der N Klasse mit allen Änderungen und Ergänzungen gegenüber den Linienschiffen der H Klasse wieder. Hierbei ist auch die neue Anordnung der 4 - 8,8 cm Buggeschütze berücksichtigt, welche gewählt wurde, um die ursprünglich vorgesehenen unschönen und im Seegang nicht ganz zweckmäßigen Ausbauten zu vermeiden. Die bisherige und die neue Anordnung des Seiten- und Deckpanzers ist auf anliegenden 2 Zeichnungen dargestellt.

Bitte um Genehmigung des Ordre-Entwurfs und sowie der Skizzen.

Euere Excellenz werden gebeten, die Genehmigung Seiner Majestät des Kaisers zu den vorgelegten Entwürfen erwirken zu wollen; ein Ordre-Entwurf für die Konstruktionsbedingungen der Linienschiffe N. O. P. Q und R ist zur Allerhöchsten Vollziehung beigefügt.

H.

In Vertretung
gez. Schwarz

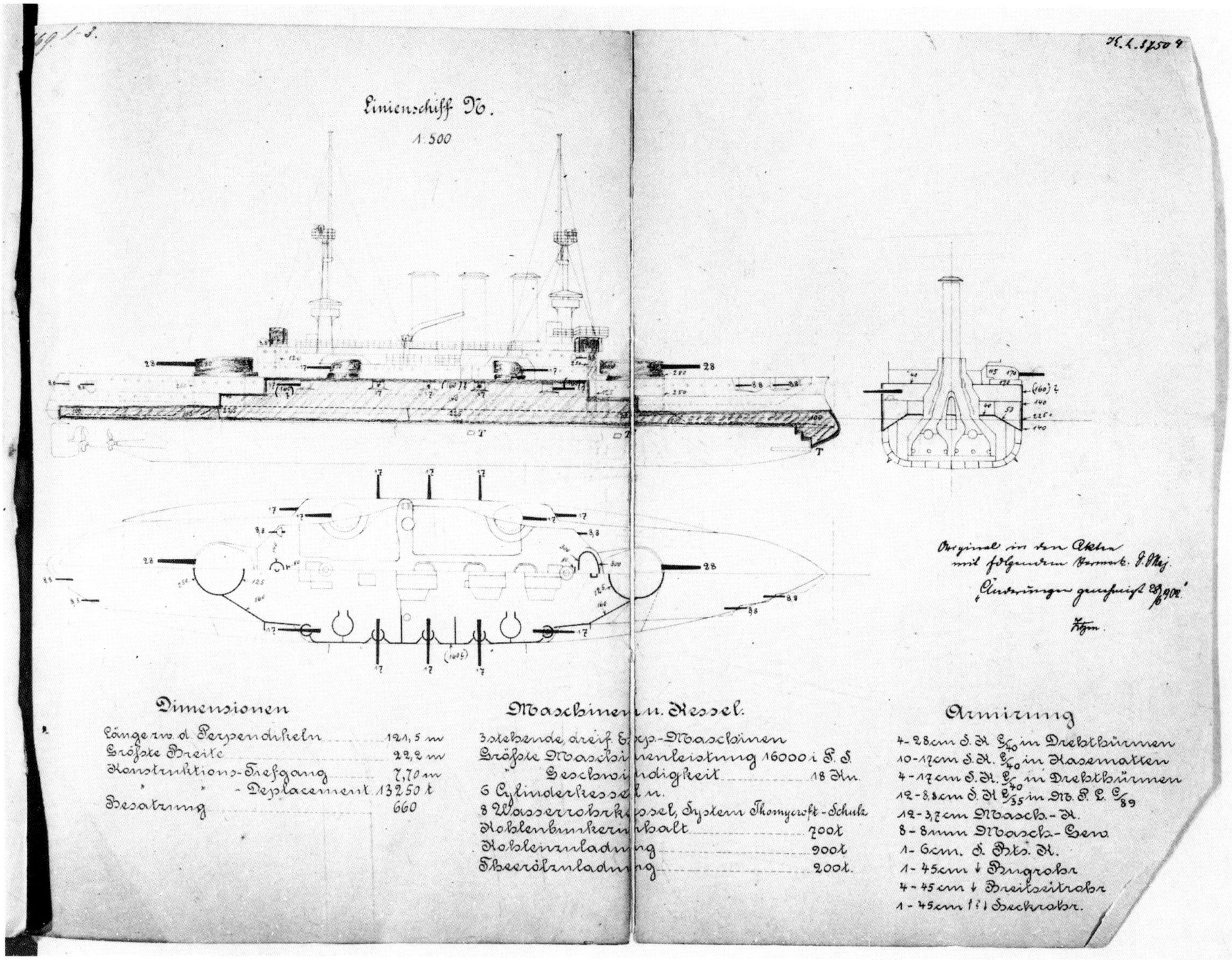

Linienschiff N.
1:500
Dimensionen
Länge zw. d. Perpendikeln 121,5 m
Größte Breite 22,2 m
Konstruktions-Tiefgang 7,70 m
" " - Deplacement 13250 t
Besatzung 660
Maschinen u. Kessel.
3 stehende, dreif. Exp.-Maschinen
Größte Maschinenleistung 16000 i. P. S.
" Geschwindigkeit 18 Kn.
6 Cylinderkessel u.
8 Wasserrohrkessel, System Thornycroft-Schulz
Kohlenbunkerinhalt 700 t
Kohlenzuladung 900 t
Theerölzuladung 200 t.
Armirung
4-28 cm S. K. L/40 in Drehthürmen
10-17 cm S. K. L/40 in Kasematten
4-17 cm S. K. L/40 in Drehthürmen
12-8,8 cm S. K. L/35 in M. P. L. C/89
12-3,7 cm Masch.-K.
8-8 mm Masch.-Gew.
1-6 cm. S. Bts. K.
1-45 cm ↓ Bugrohr
4-45 cm ↓ Breitseitrohr
1-45 cm ↑↓ Heckrohr.

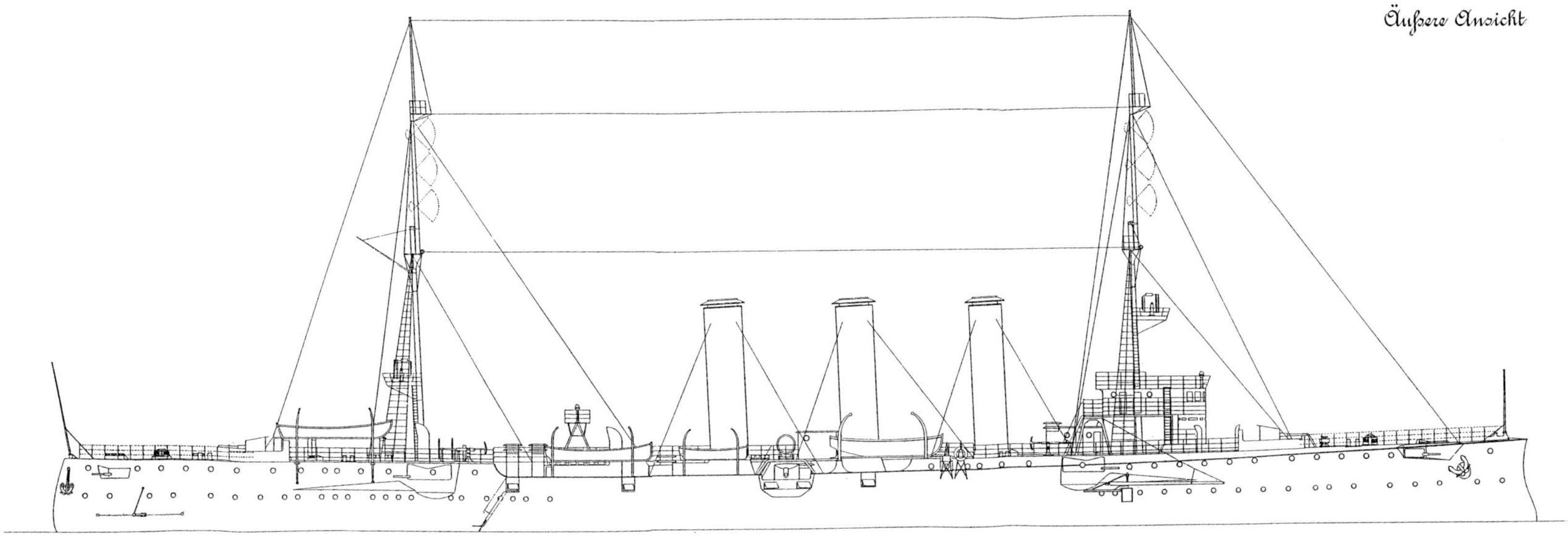

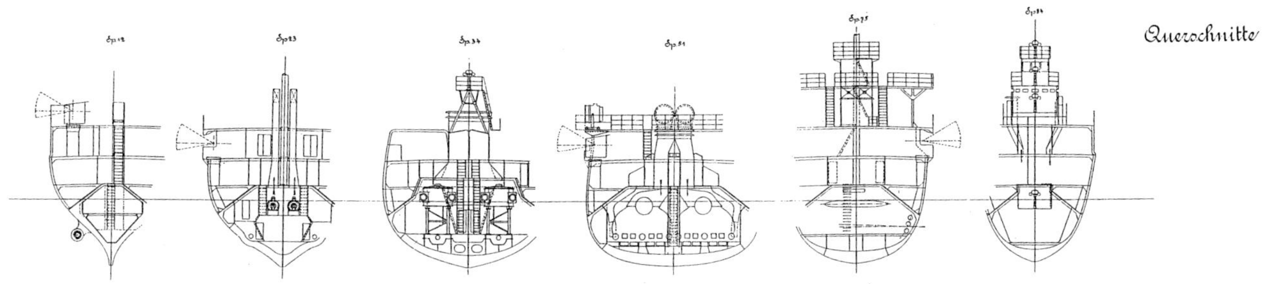

Die «Emden» gehörte auf Grund ihrer fairen und erfolgreichen Kreuzerkriegführung 1914 in Übersee zu den bekanntesten Schiffen der Kaiserlichen Marine. Sie stellte am 10. 7. 1909 in Dienst. Auf der Kaiserlichen Werft in Danzig erbaut, war der Kleine Kreuzer «Emden» 118,3 m lang und 13,5 m breit. Er verdrängte 4 268 t und hatte eine Besatzung von 18 Offizieren sowie 343 Unteroffizieren und Matrosen. Ihre Maschine hatte eine Leistung von 16 390 PSi, die Geschwindigkeit betrug 24,1 kn. 1910 in das Kreuzergeschwader in Ostasien eingegliedert, führte das Schiff befehlsgemäß nach Kriegsausbruch 1914 selbständig Kreuzerkrieg. Am 9. 11. 1914 von dem australischen Kreuzer «Sydney» bei den Cocos-Inseln gestellt und versenkt. Das Wrack wurde 1950 abgebrochen

Obere Ansicht

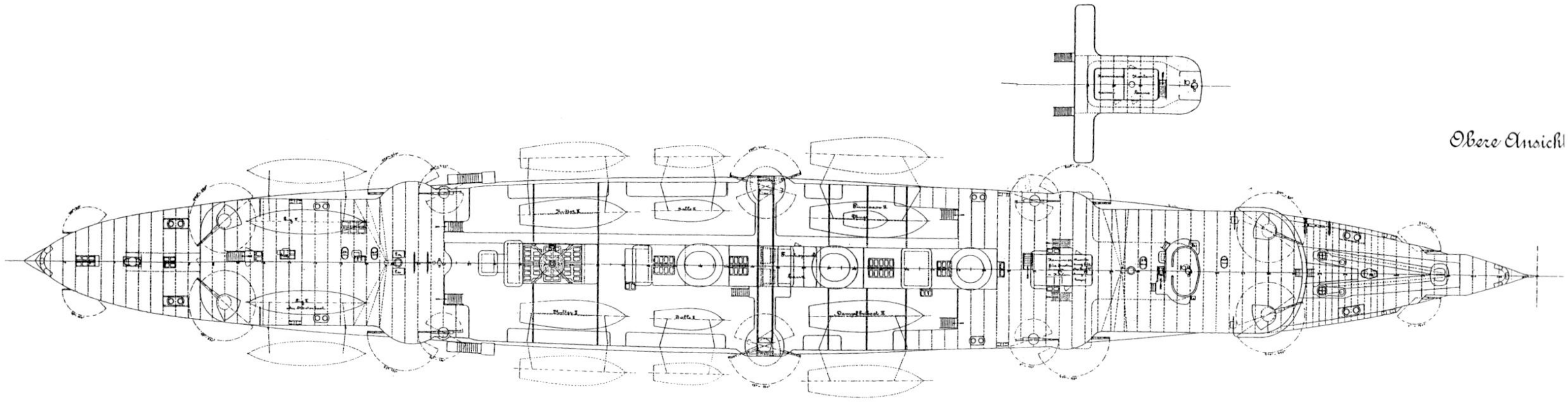

Oberdeck

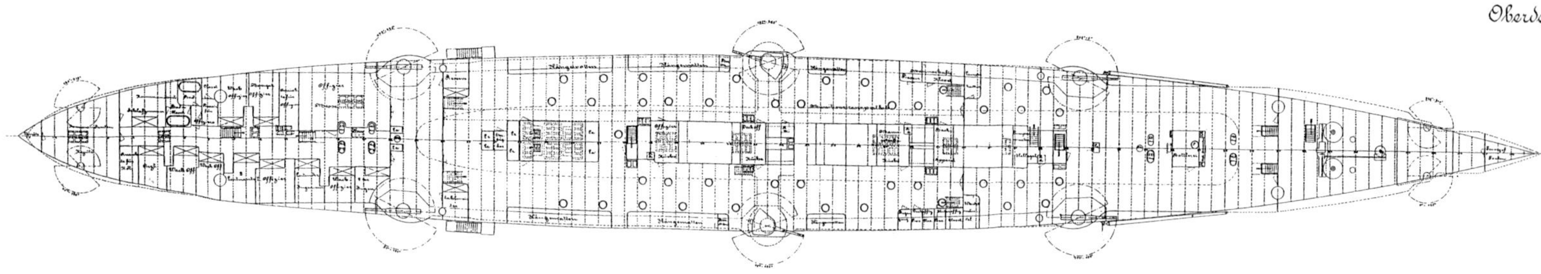

Linienriß

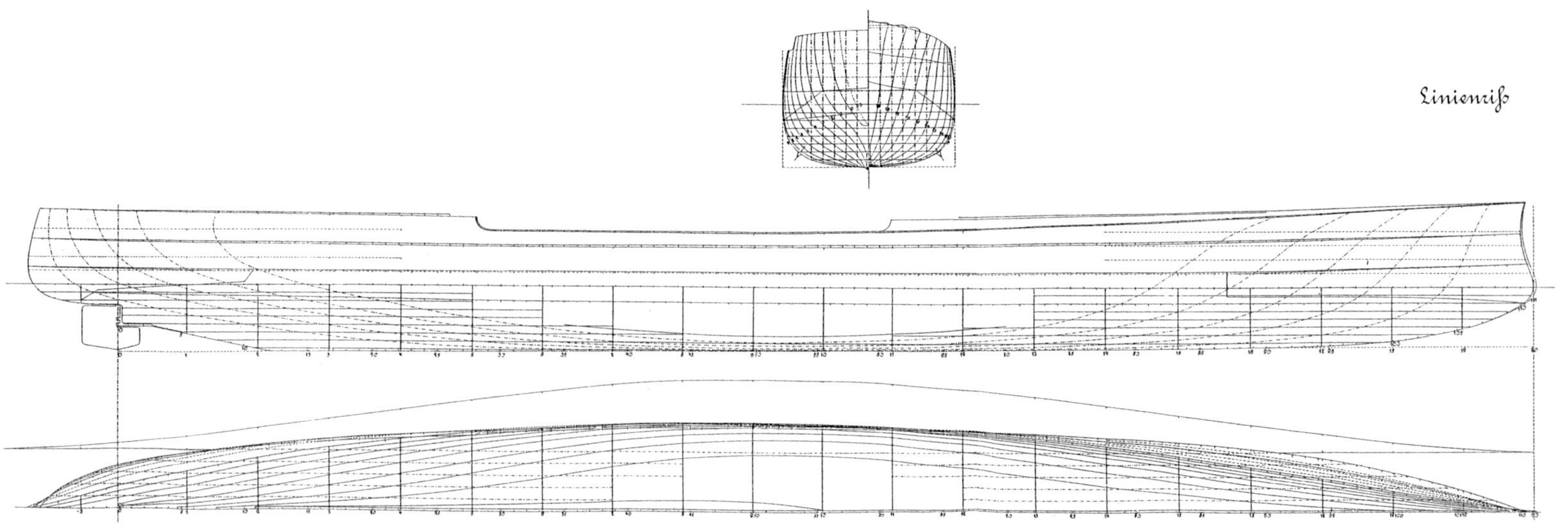

Der Große Kreuzer «C», die «Gneisenau» auf der Helling der A. G. Weser, Bremen. Das Schiff, entsprechend dem Flottengesetz von 1900 gebaut, wurde im März 1908 in Dienst gestellt.

Backbordschraube der «Gneisenau». Das Schiff besaß drei vierflüglige Schrauben mit einem Durchmesser von 4,6 m. Es erreichte eine Geschwindigkeit von 23,6 kn.

«Gneisenau» im Bau. Die Aufnahme zeigt einen Blick über das Oberdeck von achtern nach vorn. Es sind erst zwei Schornsteine vorhanden

Aufnahme eines späteren Baustadiums der «Gneisenau». Schornsteine und Bootskran sind errichtet, der achtere Mast steht

Ansicht der «Gneisenau» während der Ausrüstung. Gut erkennbar der bereits eingebaute Turm der Schweren Artillerie und die Mittelartillerie im Bug. Insgesamt hatte der große Kreuzer acht 21-cm- sowie sechs 15-cm-Geschütze

Blick auf das Achterschiff der «Gneisenau» während der Ausrüstung

Die «Schlesien», ein Schiff der «Deutschland»-Klasse, stellte am 5. 5. 1908 in Dienst. Sie war an der Skagerrak-Schlacht beteiligt. 1926/27 modernisiert, kam die «Schlesien» noch während des Zweiten Weltkrieges zum Einsatz. Im Mai 1945 vor Swinemünde selbst versenkt. In den 50er Jahren gehoben und abgebrochen

Mit der «Nassau» begann im deutschen Kriegsschiffbau der Übergang zum Dreadnought oder Großkampfschiff. Auf der Kaiserlichen Werft in Wilhelmshaven gebaut, verdrängte sie 20 535 t. Ihre Maschine bestand aus drei stehenden Dreizylinder-Dreifachexpansionsmaschinen in drei Maschinenräumen

Bug des Großen Kreuzers «Blücher». Das Schiff lief im April 1908 vom Stapel. Bereits während des Baues (Kaiserliche Werft Kiel) zeigte sich, daß das Schiff den britischen Schlachtkreuzern unterlegen war. Die «Blücher», mit 25 kn ein schnelles Schiff, war das erste deutsche Kriegsschiff mit Dreibeinmast

Heckansicht der «Blücher» am Ausrüstungskai. Sie hatte sechs schachbrettartig angeordnete Türme mit je zwei 21-cm-Geschützen sowie acht 15-cm- und 16 8,8-cm-Kanonen. Die «Blücher» ging während des Doggerbankgefechts am 24. 1. 1915 verloren. 492 Mann der Besatzung sanken mit dem kenternden Schiff

«Otter», das Flußkanonenboot «C», war – ähnlich wie «Tsingtau» – für den Einsatz auf den chinesischen Flüssen bestimmt. Das aus neun durch Schraubenbolzen verbundenen Stahlpontons zusammengesetzte Schiff wurde in Teilen außerhalb der eigentlichen Herstellungswerft Tecklenborg, Geestemünde, auf der Kaiserlichen Werft in Danzig gefertigt. Es verdrängte 314 t, die Maschine leistete 1 728 PSi, die Geschwindigkeit betrug 15,2 kn. Die «Otter» war mit zwei 5,2-cm-Schnellfeuerkanonen und drei Maschinengewehren bewaffnet

Archiv K I
Flußkanonenboot „Otter."
Aufgen.: 5.Oct.09. Tecklenborg-Geestemünd
Angefert.: 5.Oct.09. Werft

Auf dem Flußkanonenboot dienten drei Offiziere, 44 Unteroffiziere und Matrosen sowie etwa 10 chinesische Hilfskräfte

Pontons und Aufbauten der Flußkanonenboote wie der «Otter» wurden einzeln auf Dampfern in das jeweilige Einsatzgebiet transportiert. Die «Otter» war Stationär auf dem Jangtsekiang. Bei Kriegsbeginn aufgelegt, beschlagnahmten die chinesischen Behörden im März 1917 das Boot und setzten es als «Li Tschen» im eigenen Dienst ein. 1932 wurde es abgebrochen

Die «Jupiter» (ex «Deutschland»), ein ehemaliges Zentralbatterieschiff der «Kaiser»-Klasse, diente, ehe sie verkauft wurde, kurzzeitig als Zielschiff. Hiermit kam man einer alten Forderung der Marineführung nach. Zielschiffe dienten dazu, das Artillerieschießen und die -beobachtung möglichst realistisch durchführen zu können. «Jupiter», vorher Hafenwachschiff, konnte hierfür ab 1908 bereitgestellt werden. Die folgende Bildserie macht das Ergebnis eines derartigen Schießens im Herbst/Winter 1908 auf «Jupiter» deutlich. Welches oder welche Schiffe hier geschossen haben, ist nicht überliefert, doch zeigen die Fotos die möglichen Trefferwirkungen der Schweren und Mittelartillerie jener Jahre sowie die Sorgfalt, mit der die Ergebnisse registriert und ausgewertet wurden. Zugleich werden Baudetails der Mitte der 70er Jahre in England auf deutsche Rechnung gebauten «Kaiser» und «Deutschland» sichtbar

7.
Zielschiff. Jupiter

a
b

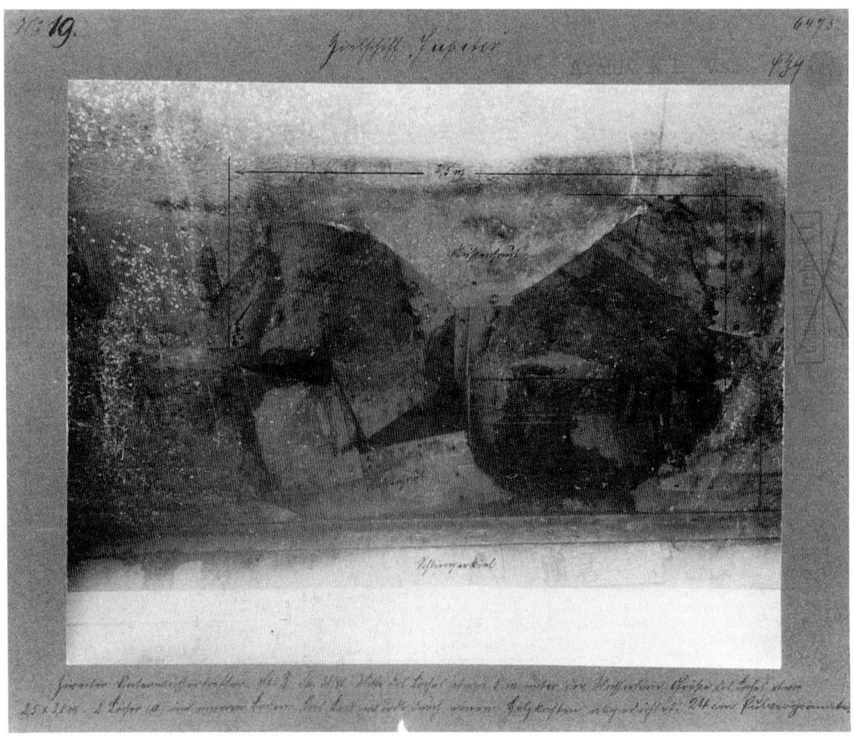

Heizer bei der Arbeit auf dem Großen Kreuzer «Scharnhorst». Geschwindigkeit – Voraussetzung für alle Manöver der Kriegsschiffe – bedeutete für die Soldaten vor den Feuern härteste Knochenarbeit in größter Hitze und Staub

Vor einer Schalttafel der «Scharnhorst». Elektrizität ermöglichte erst den Betrieb der Rudermaschinen, das Richten und Feuer der Schweren Artillerie und andere lebenswichtige Funktionen der modernen Kriegsschiffe, die die Voraussetzung für ihren Kampfeinsatz bildeten

Maschinenfahrstand der «Scharnhorst»

Aufnahme der Ruderanlage der «Scharnhorst»

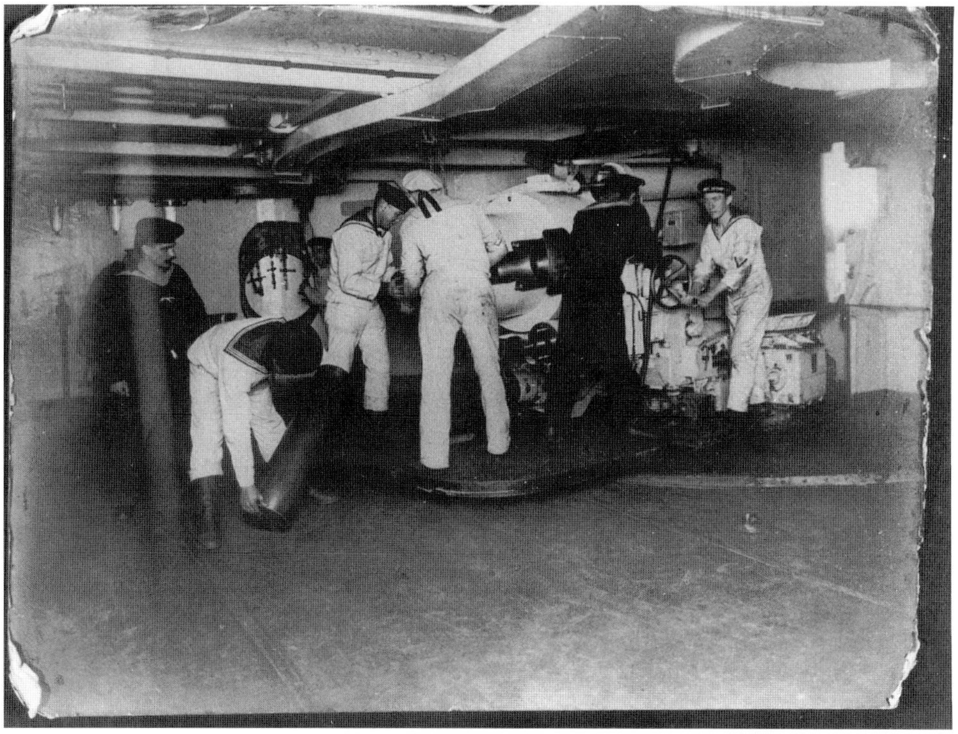

Artilleristen der «Scharnhorst» beim Geschützexerzieren am 15-cm- und 8,8-cm-Geschütz. Beachtenswert das Ausmaß der manuellen Handgriffe

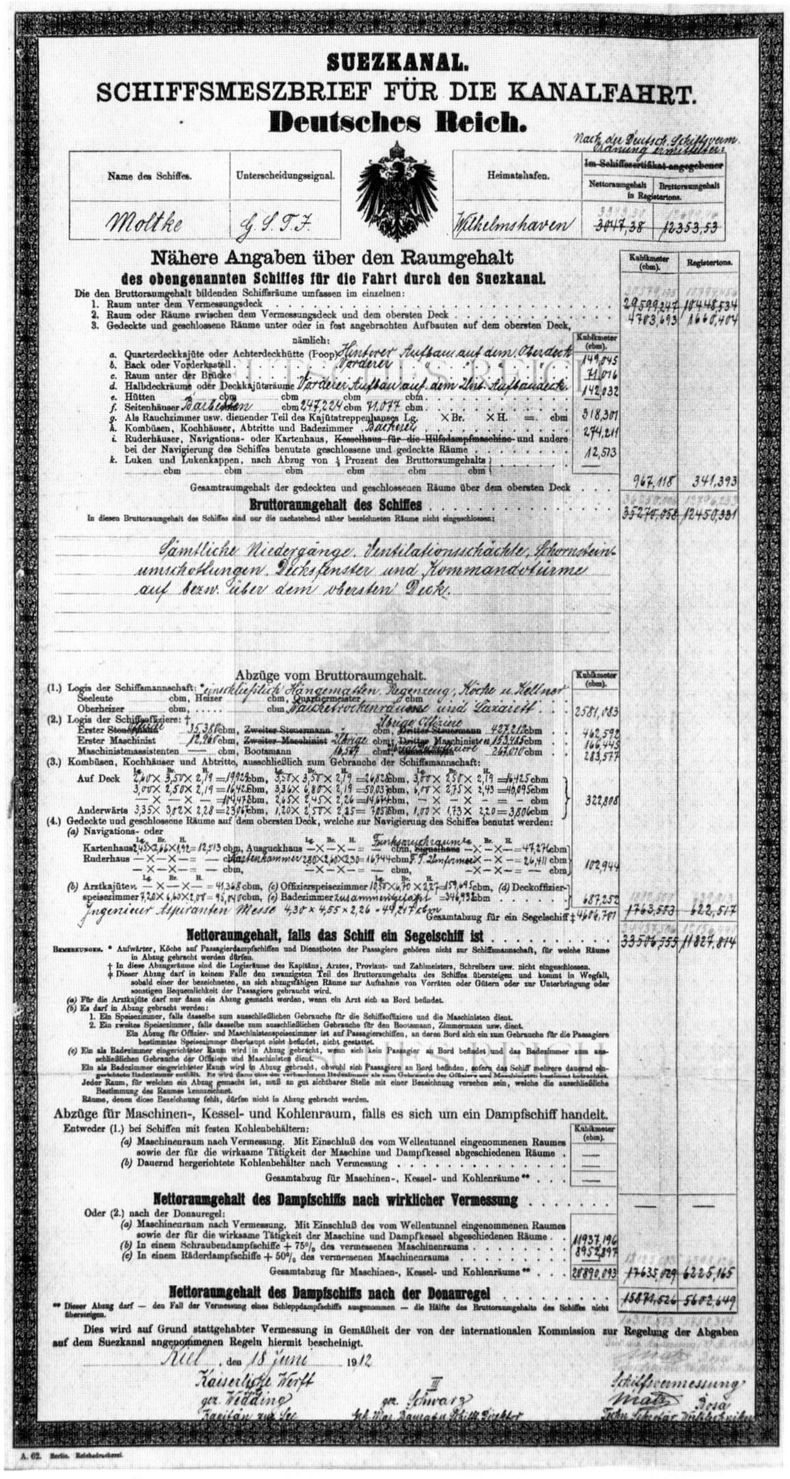

SUEZKANAL.

SCHIFFSMESZBRIEF FÜR DIE KANALFAHRT.

Deutsches Reich.

Name des Schiffes.	Unterscheidungssignal.	Heimatshafen.	Nettoraumgehalt in Registertons.	Bruttoraumgehalt in Registertons.
Moltke	G S T F	Wilhelmshaven	~~3047,38~~	~~12353,53~~

Nähere Angaben über den Raumgehalt
des obengenannten Schiffes für die Fahrt durch den Suezkanal.

Die den Bruttoraumgehalt bildenden Schiffsräume umfassen im einzelnen:
1. Raum unter dem Vermessungsdeck .... 29599,247 cbm / 10448,534 Registertons
2. Raum oder Räume zwischen dem Vermessungsdeck und dem obersten Deck
3. Gedeckte und geschlossene Räume unter oder in fest angebrachten Aufbauten auf dem obersten Deck .... 4703,693 cbm / 1660,404 Registertons

nämlich:
- a. Quarterdeckkajüte oder Achterdeckhütte (Poop) Hinterer Aufbau auf dem Oberdeck 149,045
- b. Back oder Vorderkastell Vorderer 71,016
- c. Raum unter der Brücke
- d. Halbdeckräume oder Deckkajütsräume Vorderer Aufbau auf dem Unt. Aufbaudeck 142,032
- e. Hütten ___ cbm ___ cbm ___ cbm ___ cbm
- f. Seitenhäuser Barbetten cbm 247,224 cbm 71,077 cbm 318,301
- g. Als Rauchzimmer usw. dienender Teil des Kajütstreppenhauses Lg. × Br. × H. = cbm
- h. Kombüsen, Kochhäuser, Abtritte und Badezimmer Bäckerei 274,211
- i. Ruderhäuser, Navigations- oder Kartenhaus, ~~Kesselhaus für die Hilfsdampfmaschine~~ und andere bei der Navigierung des Schiffes benutzte geschlossene und gedeckte Räume 12,513
- k. Luken und Lukenkappen, nach Abzug von ½ Prozent des Bruttoraumgehalts ___ cbm ___ cbm ___ cbm ___ cbm ___ cbm ___ cbm

Gesamtraumgehalt der gedeckten und geschlossenen Räume über dem obersten Deck .... 967,118 / 341,393

Bruttoraumgehalt des Schiffes .... 35270,058 / 12450,331

In diesen Bruttoraumgehalt des Schiffes sind nur die nachstehend näher bezeichneten Räume nicht eingeschlossen:

Sämtliche Niedergänge, Ventilationsschächte, Schornsteinumschottungen, Decksfenster und Kommandotürme auf bezw. über dem obersten Deck.

Abzüge vom Bruttoraumgehalt.

(1.) Logis der Schiffsmannschaft:* einschließlich Hängematten, Regenzeug, Köche u. Kellner
Seeleute ___ cbm, Heizer ___ cbm, Quartiermeister ___ cbm
Oberheizer ___ cbm, ... ___ cbm Wäschetrockenräume und Lazarett 2581,083

(2.) Logis der Schiffsoffiziere: †
Erster ~~Steuermann~~ Offiziere 35,380 cbm, ~~Zweiter Steuermann~~ ___ cbm, ~~Dritter Steuermann~~ Übrige Offiziere 427,212 cbm 462,592
Erster Maschinist 12,960 cbm, ~~Zweiter Maschinist~~ Übrige ___ cbm, ~~Dritter Maschinist~~ 153,485 cbm 166,445
Maschinistenassistenten ___ cbm, Bootsmann 16,567 cbm, ___ 267,010 cbm 283,577

(3.) Kombüsen, Kochhäuser und Abtritte, ausschließlich zum Gebrauche der Schiffsmannschaft:
Auf Deck 2,60 × 3,50 × 2,19 = 19,929 cbm, 3,50 × 3,50 × 2,19 = 26,828 cbm, 3,00 × 2,50 × 2,19 = 16,425 cbm
3,00 × 2,50 × 2,19 = 16,425 cbm, 3,36 × 6,80 × 2,19 = 50,037 cbm, 6,00 × 2,75 × 2,43 = 40,095 cbm
— × — × — = 104,478 cbm, 2,65 × 2,45 × 2,26 = 14,674 cbm, — × — × — = — cbm
Anderwärts 3,35 × 3,02 × 2,28 = 23,067 cbm, 1,20 × 2,50 × 2,35 = 7,050 cbm, 1,00 × 1,73 × 2,20 = 3,806 cbm 322,808

(4.) Gedeckte und geschlossene Räume auf dem obersten Deck, welche zur Navigierung des Schiffes benutzt werden:
(a) Navigations- oder
Kartenhaus 2,45 × 2,66 × 1,92 = 12,513 cbm, Ausguckhaus — × — × — = — cbm, ~~Signalhaus~~ Funkspruchräume — × — × — = 47,276 cbm
Ruderhaus — × — × — = — cbm Kartenkammer 2,80 × 2,60 × 2,30 = 16,744 cbm F.T. Umformer — × — × — = 26,411 cbm
— × — × — = — cbm, — × — × — = — cbm, — × — × — = — cbm 102,944
(b) Arztkajüten — × — × — = 41,368 cbm, (c) Offizierspeisezimmer 10,50 × 6,70 × 2,27 = 159,695 cbm, (d) Deckoffizierspeisezimmer 7,20 × 6,60 × 2,00 = 95,040 cbm, (e) Badezimmer zusammengefaßt = 346,932 cbm 687,252
Ingenieur Aspiranten Messe 4,30 × 4,55 × 2,26 = 44,217 cbm
Gesamtabzug für ein Segelschiff ‡ 4606,701 .... 1763,583 / 622,517

Nettoraumgehalt, falls das Schiff ein Segelschiff ist .... 33506,555 / 11827,814

Bemerkungen. * Aufwärter, Köche auf Passagierdampfschiffen und Dienstboten der Passagiere gehören nicht zur Schiffsmannschaft, für welche Räume in Abzug gebracht werden dürfen.
† In diese Abzugsräume sind die Logisräume des Kapitäns, Arztes, Proviant- und Zahlmeisters, Schreibers usw. nicht eingeschlossen.
‡ Dieser Abzug darf in keinem Falle den zwanzigsten Teil des Bruttoraumgehalts des Schiffes übersteigen und kommt in Wegfall, sobald einer der bezeichneten, an sich abzugsfähigen Räume zur Aufnahme von Vorräten oder Gütern oder zur Unterbringung oder sonstigen Bequemlichkeit der Passagiere gebraucht wird.
(a) Für die Arztkajüte darf nur dann ein Abzug gemacht werden, wenn ein Arzt sich an Bord befindet.
(b) Es darf in Abzug gebracht werden:
1. Ein Speisezimmer, falls dasselbe zum ausschließlichen Gebrauche für die Schiffsoffiziere und die Maschinisten dient.
2. Ein zweites Speisezimmer, falls dasselbe zum ausschließlichen Gebrauche für den Bootsmann, Zimmermann usw. dient.
Ein Abzug für Offizier- und Maschinistenspeisezimmer ist auf Passagierschiffen, an deren Bord sich ein zum Gebrauche für die Passagiere bestimmtes Speisezimmer überhaupt nicht befindet, nicht gestattet.
(c) Ein als Badezimmer eingerichteter Raum wird in Abzug gebracht, wenn sich kein Passagier an Bord befindet und das Badezimmer zum ausschließlichen Gebrauche der Offiziere und Maschinisten dient.
Ein als Badezimmer eingerichteter Raum wird in Abzug gebracht, obwohl sich Passagiere an Bord befinden, sofern das Schiff mehrere dauernd eingerichtete Badezimmer enthält. Es wird dann eins der vorhandenen Badezimmer als zum Gebrauche der Offiziere und Maschinisten bestimmt betrachtet.
Jeder Raum, für welchen ein Abzug gemacht ist, muß an gut sichtbarer Stelle mit einer Bezeichnung versehen sein, welche die ausschließliche Bestimmung des Raumes kennzeichnet.
Räume, denen diese Bezeichnung fehlt, dürfen nicht in Abzug gebracht werden.

Abzüge für Maschinen-, Kessel- und Kohlenraum, falls es sich um ein Dampfschiff handelt.

Entweder (1.) bei Schiffen mit festen Kohlenbehältern:
(a) Maschinenraum nach Vermessung. Mit Einschluß des vom Wellentunnel eingenommenen Raumes sowie der für die wirksame Tätigkeit der Maschine und Dampfkessel abgeschiedenen Räume .... —
(b) Dauernd hergerichtete Kohlenbehälter nach Vermessung .... —
Gesamtabzug für Maschinen-, Kessel- und Kohlenräume ** .... —

Nettoraumgehalt des Dampfschiffs nach wirklicher Vermessung .... — / —

Oder (2.) nach der Donauregel:
(a) Maschinenraum nach Vermessung. Mit Einschluß des vom Wellentunnel eingenommenen Raumes sowie der für die wirksame Tätigkeit der Maschine und Dampfkessel abgeschiedenen Räume 11937,196
(b) In einem Schraubendampfschiffe + 75% des vermessenen Maschinenraums 8952,897
(c) In einem Räderdampfschiffe + 50% des vermessenen Maschinenraums
Gesamtabzug für Maschinen-, Kessel- und Kohlenräume ** .... 20890,093 / 17635,029 / 6225,165

Nettoraumgehalt des Dampfschiffs nach der Donauregel .... 15874,526 / 5602,649

** Dieser Abzug darf — den Fall der Vermessung eines Schleppdampfschiffs ausgenommen — die Hälfte des Bruttoraumgehalts des Schiffes nicht übersteigen.

Dies wird auf Grund stattgehabter Vermessung in Gemäßheit der von der internationalen Kommission zur Regelung der Abgaben auf dem Suezkanal angenommenen Regeln hiermit bescheinigt.

Kiel, den 18 Juni 1912

Kaiserliche Werft
gez. Widding
Kapitän zur See

III
gez. Schwarz

Schiffsvermessung

A. 62. Berlin. Reichsdruckerei.

Der Große Kreuzer «Moltke» gehörte zu den modernen Großkampfschiffen der Kaiserlichen Marine. Bei Blohm & Voß gebaut, stellte er am 30. 9. 1911 in Dienst. Die «Moltke» nahm am Doggerbank-Gefecht und der Skagerrak-Schlacht teil

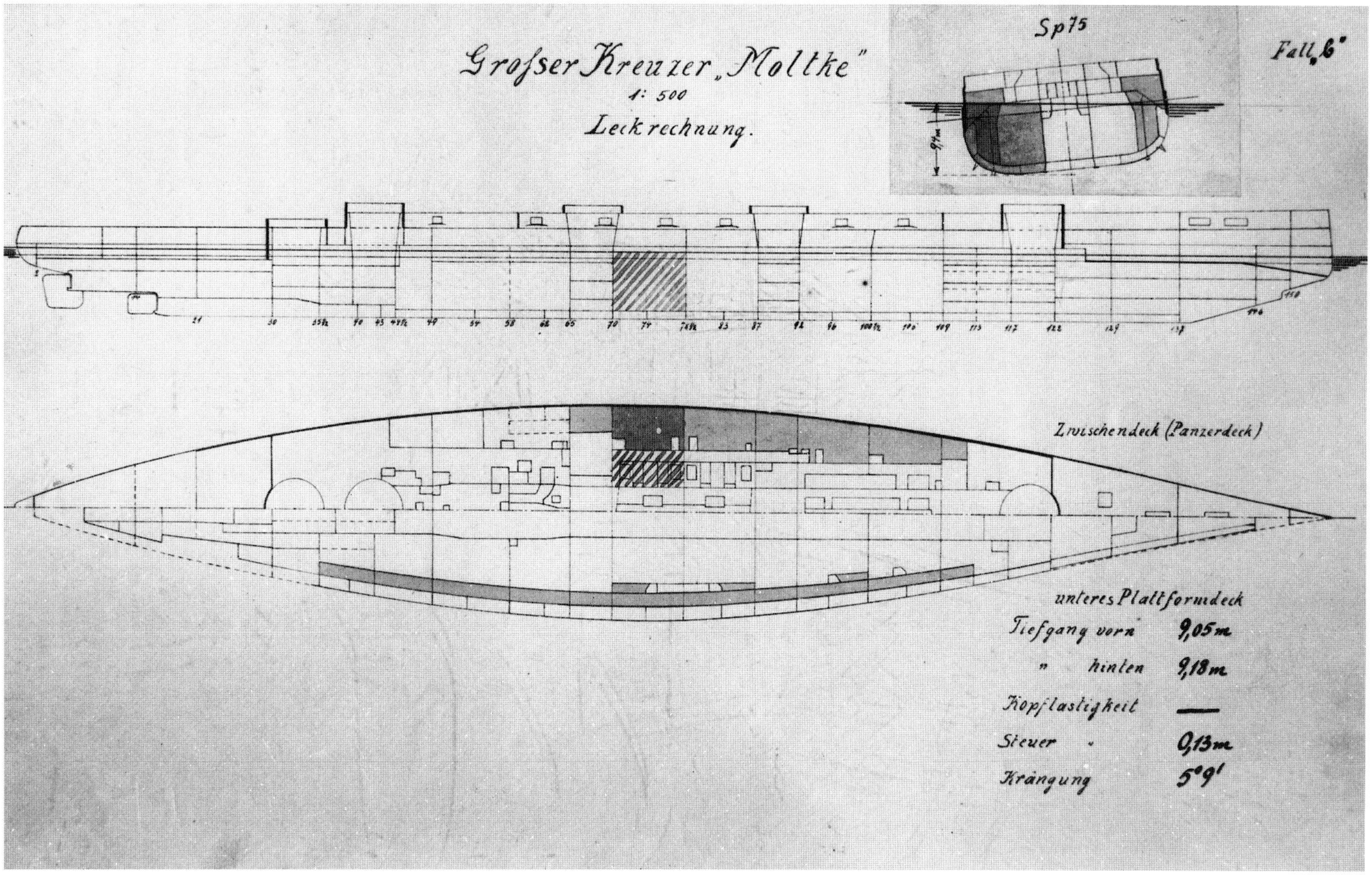

Die «Moltke» erhielt während der Skagerrak-Schlacht schwere Treffer. Von ihrer Besatzung, 1 053 Mann, fielen 16, vier wurden schwer und 16 leicht verwundet.
Der Schlachtkreuzer verdrängte 25 400 t und erreichte mit seinen 85 661 PS eine Geschwindigkeit von 28 kn.
Die Artillerie der «Moltke» bestand aus zehn 28-cm-, zwölf 15-cm- und zwölf 8-cm-Geschützen bzw. 8,8-cm-Flak sowie aus vier Torpedorohren.
Die «Moltke» wurde nach dem Waffenstillstand in Scapa Flow interniert und dort von der eigenen Besatzung versenkt

S.M.S. „Moltke"
Einsetzen einer Turbine.
Blohm u. Voss, Hamburg

Bl. № 167
K. W. Kiel

Gr. Kr. „Moltke"
Kesselraum III.
Bauwerft: Blohm u. Voss i/Hamburg

Aufgen. am 6–13/10. 1911
Blohm u. Voss i/Hamburg

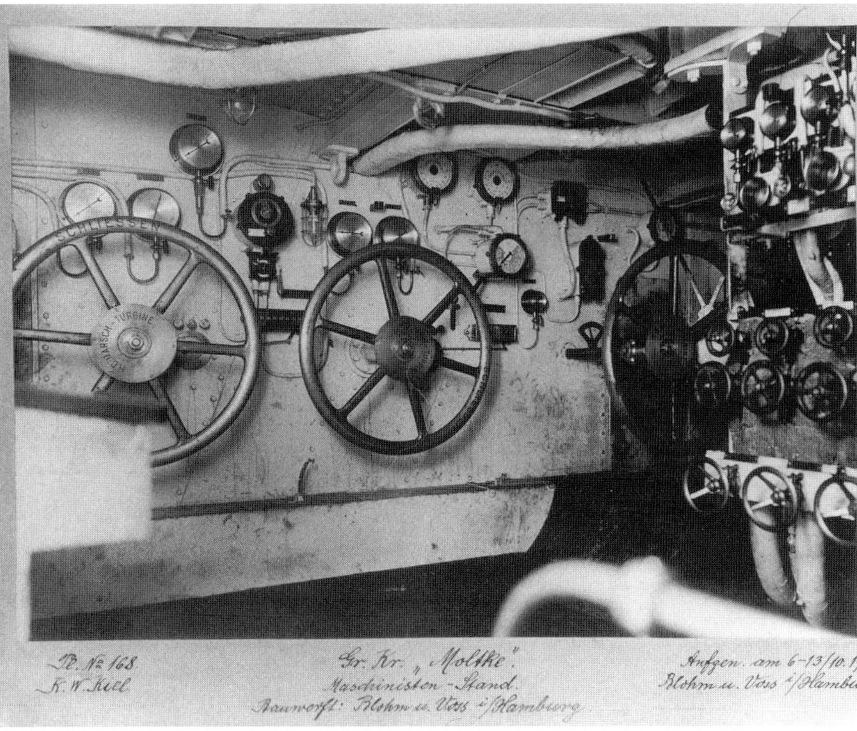

Bl. № 168
K. W. Kiel

Gr. Kr. „Moltke"
Maschinisten-Stand.
Bauwerft: Blohm u. Voss i/Hamburg

Aufgen. am 6–13/10. 1911
Blohm u. Voss i/Hamburg

Pl. No 185.
K. W. Kiel.

Gr. Kr. „Moltke".
Turbodynamoraum, mittschiffs hinten.
Bauwerft: Blohm u. Voss i/Hamburg.

Aufgen. am 9/11. 1911.
Blohm u. Voss i/Hamburg.

Pl. No 187.
K. W. Kiel.

Gr. Kr. „Moltke".
Bugspillmaschinenraum.
Bauwerft: Blohm u. Voss i/Hamburg.

Aufgen. am 10/11. 1911.
Blohm u. Voss i/Hamburg

Pl. № 165
K. W. Kiel

Gr. Kr. „Moltke".
Artillerie-Verbindungsstelle
Bauwerft: Blohm u. Voss i/Hamburg.

Aufgen. am 6–13/10. 1911.
Blohm u. Voss i/Hamburg

Pl. № 164
K. W. Kiel

Gr. Kr. „Moltke".
Central-Kommandostelle.
Bauwerft: Blohm u. Voss i/Hamburg.

Aufgen. am 6–13/10. 1911.
Blohm u. Voss i/Hamburg

Der Kleine Kreuzer «Cöln» stellte im Juni 1911 in Dienst. Er verdrängte 4 915 t und erreichte 26 kn. «Cöln» ging im August 1914 durch Artilleriefeuer britischer Schlachtkreuzer verloren

Schichau-Torpedoboote

Im Jahre 1837 entstand im Osten Deutschlands eine Maschinenbau-Werkstatt mit 8 Arbeitern, die sich dank der Energie ihres genialen Gründers Ferdinand Schichau in kurzer Zeit zu einem der größten Unternehmen ihrer Art in Deutschland entwickelte und sich insbesondere auf dem Gebiete des Schiffbaues Weltruf erwarb.

Schichau erkannte rechtzeitig die Entwicklungsmöglichkeiten des Maschinenbaues und hat durch wagemutige Schritte auf neuen Gebieten bahnbrechend gewirkt. Im Jahre 1841 wurde der erste Bagger erbaut, 1854 der erste eiserne Schraubendampfer in Preußen geliefert und 1860 die erste Lokomotive vom Staate abgenommen.

Im Schiffbau erkannte Schichau bald die Möglichkeiten, die sich durch Einführung des Eisens als Baumaterial ergaben. Nach den ersten erfolgversprechenden Lieferungen für die Handelsmarine wurde der Torpedobootsbau aufgenommen. Die Vorbedingungen für eine glückliche Lösung dieser Aufgabe waren durch die Schichau-Dampfmaschinen gegeben, die es bei sorgfältiger Konstruktion vermöge ihrer leichten Bauweise gestatteten, in kleinstem Schiffsraum die Triebkraft für hohe Geschwindigkeiten zu entwickeln.

Das erste Torpedoboot für Rußland wurde im Jahre 1877 erbaut. Bei 19,6 m Länge, 3 m Breite, 1,3 m Tiefgang und 18 t Depl. entwickelte es mit 180 PS eine Geschwindigkeit von 18 kn. Im nächsten Jahre erfolgte eine Nachbestellung von weiteren 10 Booten. Für die Deutsche Marine wurden die ersten Torpedoboote im Jahre 1884 erbaut; sie erreichten mit 74 t Depl. und 900 PS 20 kn Geschwindigkeit. Am 23. April 1900 lief das 100. Torpedoboot für die Deutsche Marine vom Stapel, das bei 370 t Depl. und 6000 PS bereits eine Geschwindigkeit von 27 kn entwickelte.

Der große Erfolg der Schichau-Torpedoboote veranlaßte fast alle Kriegsmarinen der Welt zu Bestellungen. Torpedoboote in größeren Serien bis zu 10 Stück wurden für Rußland, Italien, Österreich, die Türkei, China und Japan erbaut. Weitere Besteller waren Schweden, Norwegen, Dänemark, Rumänien, Brasilien, Argentinien, USA. usw. Unter diesen Lieferungen befanden sich Boote mit höchsten Geschwindigkeiten. Das russische Torpedoboot „Adler" war mit 28,4 kn seinerzeit das schnellste Schiff der Welt; ebenso die im Jahre 1898 nach China gelieferten Torpedoboots-Zerstörer und die 1911 für die Argentinische Marine erbauten beiden Torpedokreuzer „Cordoba" und „La Plata", die mit 36,7 kn bzw. 36,8 kn damals den Geschwindigkeitsrekord hielten.

Während die früheren Neubauten mit Dreifach-Expansionsmaschinen ausgerüstet waren, wurde im Jahre 1907 das erste Dampfturbinen-Boot an die Deutsche Marine geliefert. Alle späteren Boote erhielten ebenfalls Dampfturbinenantrieb. So wurden für die deutschen Torpedoboote „Luchs", „Jaguar", „Albatros" und „Condor" von Schichau im Jahre 1927 Dampfturbinenanlagen von je 2×11 500 WPS erbaut.

Insgesamt wurden von Schichau bis jetzt 440 Torpedoboote erbaut, davon allein für die Deutsche Marine 223 der bekannten S-Boote.

Nebenbei sei erwähnt, daß auf den Schichau-Werften an größeren Kriegsschiffen vom Stapel liefen:

Panzerkreuzer	„Lützow"
„	„Graf Spee"
Linienschiff	„Kaiser Barbarossa"
„	„Wettin"
„	„Elsaß"
„	„Lothringen"
„	„Schlesien"
„	„Oldenburg"
„	„König Albert"
„	„Baden"
Kl. Kreuzer	„Kolberg"
„	„Nowik"
„	„Pillau"
„	„Elbing"
Kreuzerkorvette	„Gefion"
Kanonenboot	„Iltis"
„	„Jaguar"
„	„Tsingtau"
„	„Vaterland".

Außer Kriegsfahrzeugen wurden auf den Werften in Elbing, Danzig und Königsberg eine große Anzahl Spezial- und Handelsschiffe bis zu den größten Abmessungen erbaut, darunter „Columbus" und „Homeric".

Gut eingerichtete Maschinenbauwerkstätten und eine Kesselschmiede liefern Kessel, Maschinen, Turbinen und Motoren nicht nur für die eigenen Neubauten, sondern auch für fremde Werften. Besonders zu erwähnen ist eine Hochdruck-Dampfturbinen-Anlage System Wagner von 2×6250 WPS für den Turbinenschnelldampfer „Tannenberg".

Die Firma Schichau ist in der Lage, auf ihren jahrzehntelangen Erfahrungen und ihrer Tradition aus der Vergangenheit aufbauend unter Ausnutzung der neuesten Entwicklung der Technik im Schiff- und Maschinenbau weitere Spitzenleistungen im Torpedobootsbau zu erzielen. Die nachstehende Liste der Torpedoboots-Neubauten gibt ein anschauliches Bild von der Leistungsfähigkeit der Schichauwerke allein im Torpedobootsbau.

Eine der neuen Waffen des Seekrieges war der Torpedo, die für seinen Einsatz geschaffene Schiffsklasse das Torpedoboot. Die Schichau-Werft zählte zu den führenden Torpedoboot-Produzenten in Europa. Hier die ersten Seiten einer Festschrift zum 100. Jahrestag des Bestehens der Werft aus dem Jahre 1937, in der sich die Entwicklung des deutschen Kriegsschiffbaues widerspiegelt

Modell von S 24, anläßlich des Werftjubiläums gebaut. Das zur zweiten Serie gehörende Fahrzeug stellte 1886 in Dienst, war Hafentorpedoboot, M-Boot und schließlich Tender. Nach dem Ersten Weltkrieg wurde es abgebrochen
Zu den Großabnehmern der Torpedoboote der Schichau-Werft gehörte Rußland. Hier eine Abbildung aus der Festschrift zum 100. Jahrestag des Bestehen der Werft im Jahre 1937

Torpedoboote in Bau auf der Helling der Schichau-Werft. Auffällig die noch handwerkliche Fertigung

Der Stapellauf des 100. Torpedobootes bei Schichau. Aus den Unterlagen geht die Nummer des Bootes nicht hervor

Die Boote S 144, S 146, S 147 und S 149 auf der Helling. Sie rechneten zu den Großen Torpedobooten mit 648 t Verdrängung und einer Geschwindigkeit von 30,3 kn. Alle vier Boote dienten noch in den ersten Jahren in der Reichsmarine

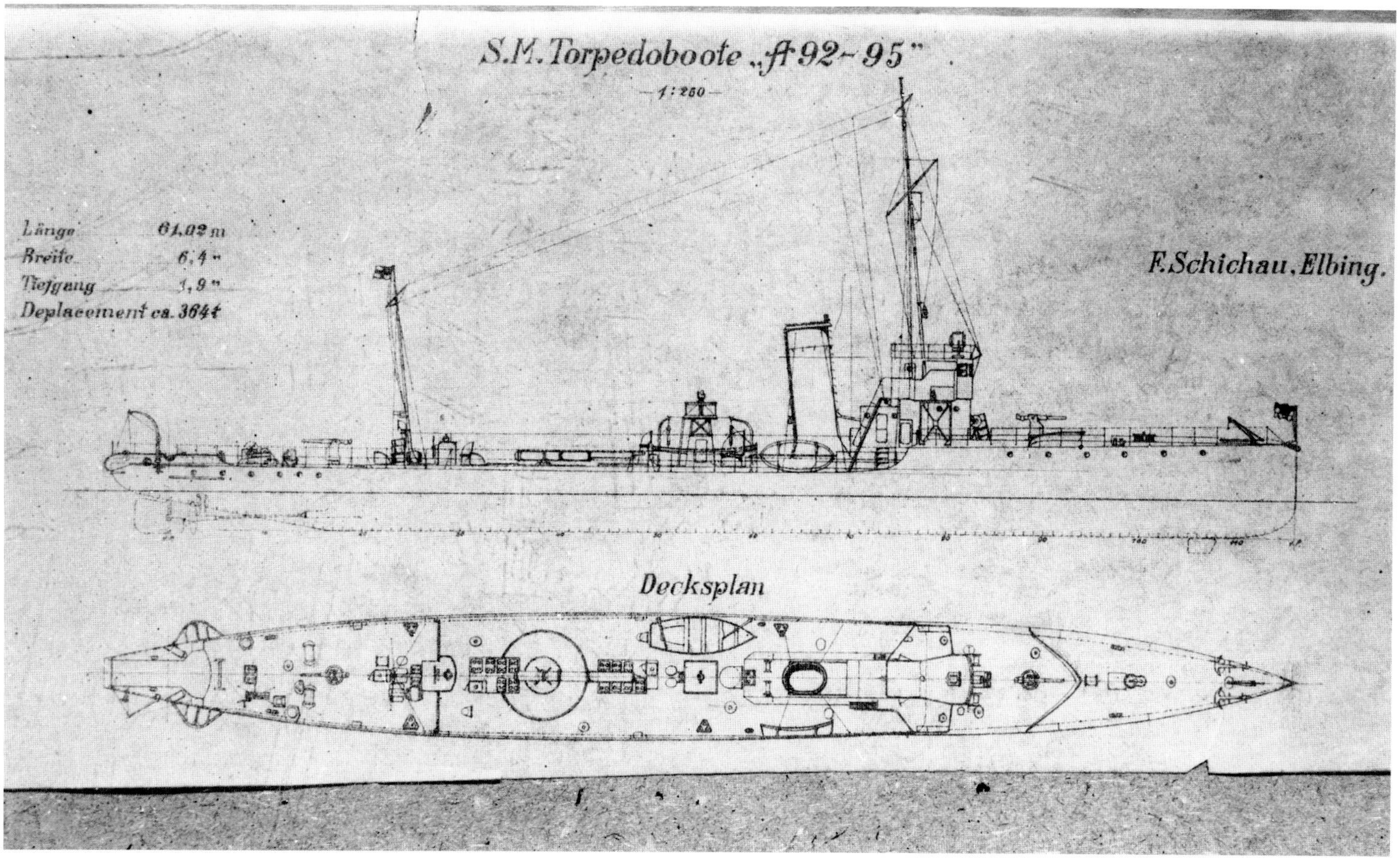

Die zu den Kleinen Torpedobooten gehörende Serie A 92–95 wurde 1917/18 bei Schichau gebaut. Mit Öl befeuert, erreichten die Boote bei 392 t Verdrängung eine Geschwindigkeit von 26,7 kn

Außerhalb der Marine hatte vor allem die Firma Krupp viel Entwicklungsarbeit für Panzerstähle und die Geschützherstellung geleistet. Hier ein Foto von Beschußversuchen auf dem firmeneigenen Schießplatz in Meppen.

Die Hauptmaschine des Schlachtschiffes «Posen». Das Schiff der «Nassau»-Klasse lief im Dezember 1908 vom Stapel und stellte im Mai 1910 in Dienst. Ab Winter 1915 mit Ölzusatzfeuerung ausgestattet, erreichte es bei einer Maschinenleistung von 28 117 PS 20 kn. «Posen» hatte wie alle Schiffe dieser Klasse eine ausgedehnte wasserdichte Unterteilung in 19 Abteilungen. Bemerkenswert die im Bild deutlich werdenden Größenverhältnisse

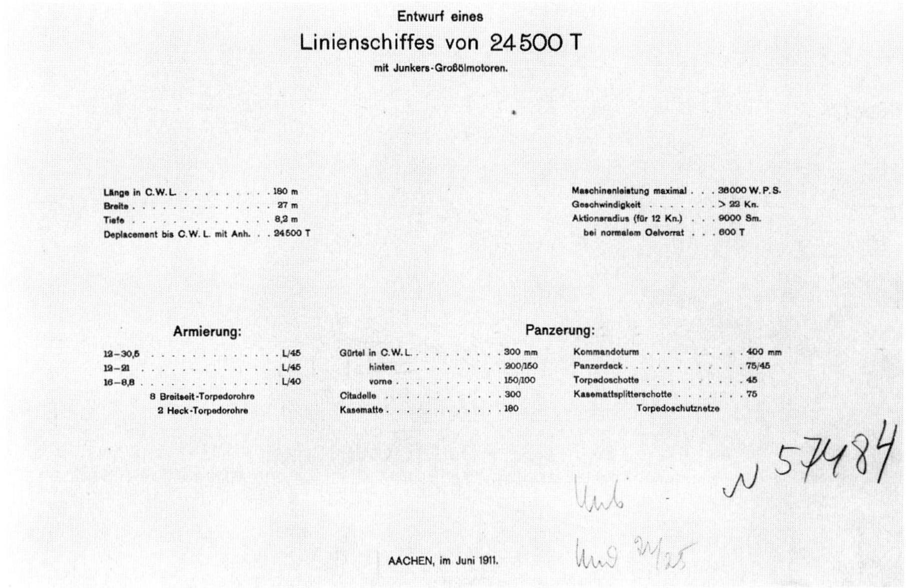

Entwurf eines

Linienschiffes von 24500 T

mit Junkers-Großölmotoren.

Länge in C.W.L.	180 m
Breite	27 m
Tiefe	8,2 m
Deplacement bis C.W.L. mit Anh.	24500 T

Maschinenleistung maximal	36000 W.P.S.
Geschwindigkeit	> 22 Kn.
Aktionsradius (für 12 Kn.)	9000 Sm.
bei normalem Oelvorrat	600 T

Armierung:

12–30,5	L/45
12–21	L/45
16–8,8	L/40

8 Breitseit-Torpedorohre

2 Heck-Torpedorohre

Panzerung:

Gürtel in C.W.L.	300 mm
hinten	200/150
vorne	150/100
Citadelle	300
Kasematte	180

Kommandoturm	400 mm
Panzerdeck	75/45
Torpedoschotte	45
Kasemattsplitterschotte	75

Torpedoschutznetze

AACHEN, im Juni 1911.

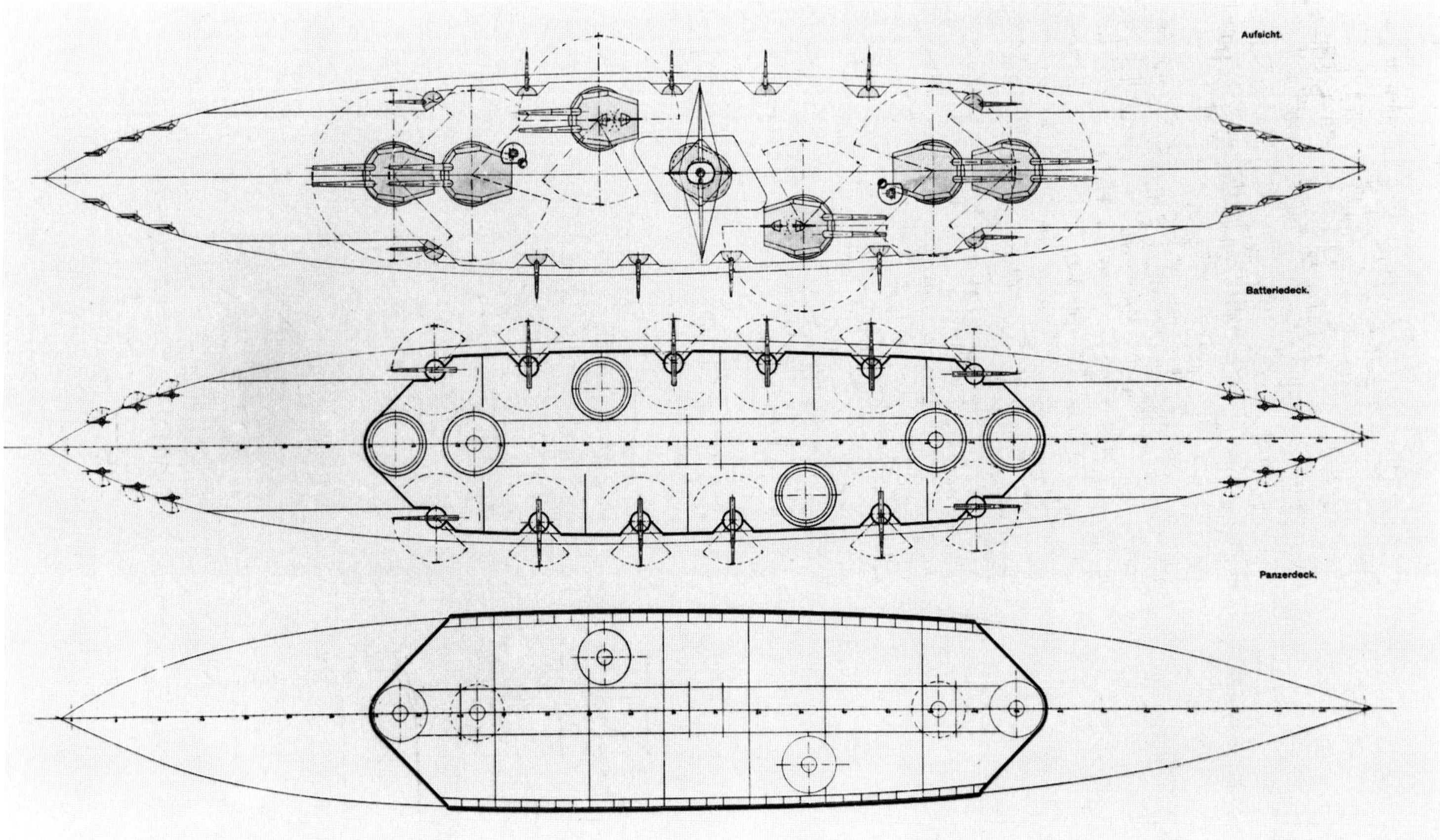

Der nie realisierte Entwurf eines Großkampfschiffes mit schwerer Bewaffnung und Großdiesel für die Kaiserliche Marine

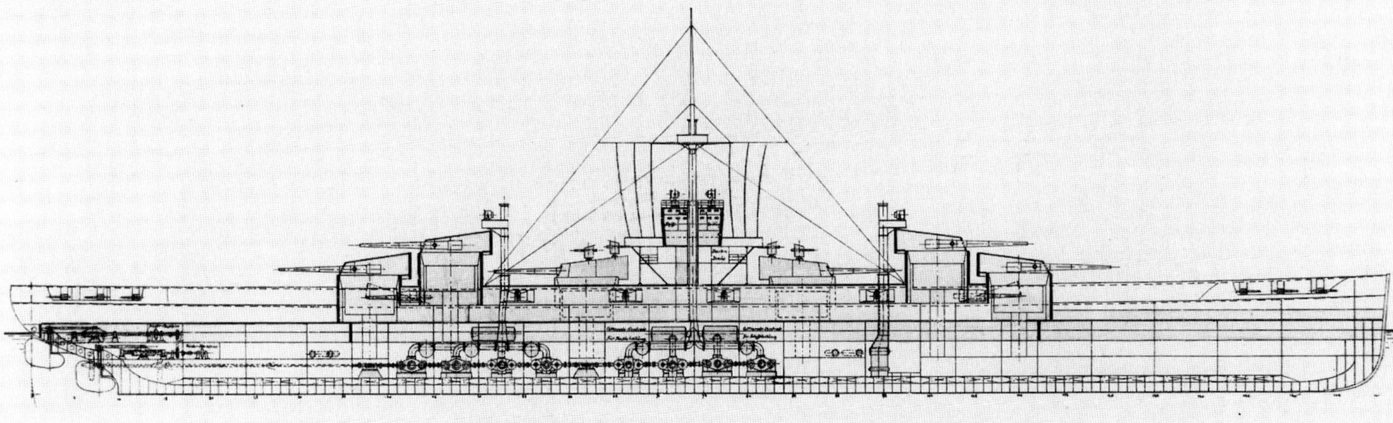

Oberes Plattformdeck

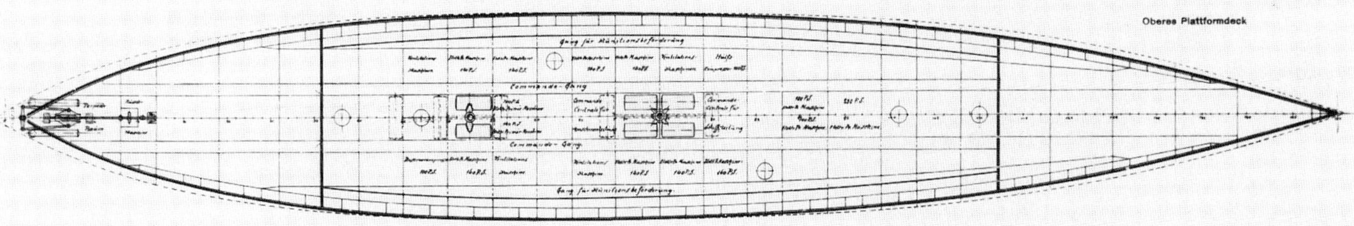

Unteres Plattformdeck

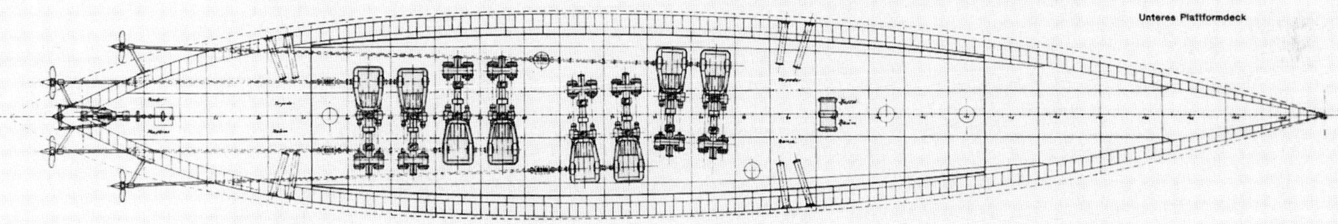

Hauptspant

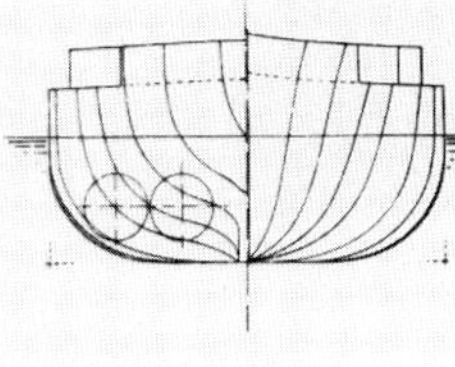

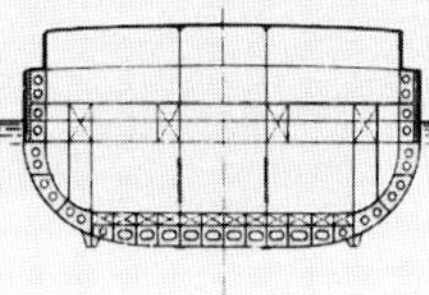

Kesselraum auf dem Schlachtschiff «Helgoland». Das Typschiff einer Klasse zu der «Ostfriesland», «Thüringen» und «Oldenburg» gehörten, stellte am 23. 8. 1911 in Dienst. Drei stehende Dreifachexpansionsmaschinen mit 31 258 PS verliehen dem Schiff eine Geschwindigkeit von 20,8 kn

Die «Helgoland» war an allen größeren Gefechten des Ersten Weltkrieges und an der Skagerrak-Schlacht beteiligt. Sie mußte auf Grund des Versailler Vertrages an Großbritannien ausgeliefert werden und wurde dort abgebrochen

Die «Oldenburg» gehört noch in die Zeit vor Beginn des Großkampfschiffbaues. Das im Bild sichtbare Torpedoschutznetz wurde nach der Skagerrak-Schlacht bei allen Linienschiffen von Bord gegeben

Der Große Kreuzer «Goeben», ein Schwesterschiff der «Moltke», gehört zu den Schiffen der Kaiserlichen Marine, deren Namen in die Geschichte eingegangen sind. Das 25 400 ts große Schiff stellte am 2. 7. 1912 in Dienst. Die «Goeben» bildete mit dem Kleinen Kreuzer «Breslau» die Mittelmeerdivision. Nach Kriegsausbruch 1914 gelang es beiden Schiffen, überlegene britische Flottenkräfte zu täuschen und zu den Dardanellen durchzubrechen, was den Anstoß zum Kriegseintritt der Türkei an der Seite der Mittelmächte gab. Unter türkischer Flagge als «Yawuz Sultan Selim» war sie am Seekrieg im Schwarzen Meer beteiligt. Umgebaut und modernisiert, blieb sie bis 1954 in Dienst und wurde 1973 bis 1976 abgebrochen

Pl. № 333.
K. W. Kiel.
Gr. Kr. „Goeben.“
R. M. A. Archiv K II
Aufgen. am 7/9. 1912.
Kaisl. Werft Kiel.
Bauwerft: Blohm u. Voss

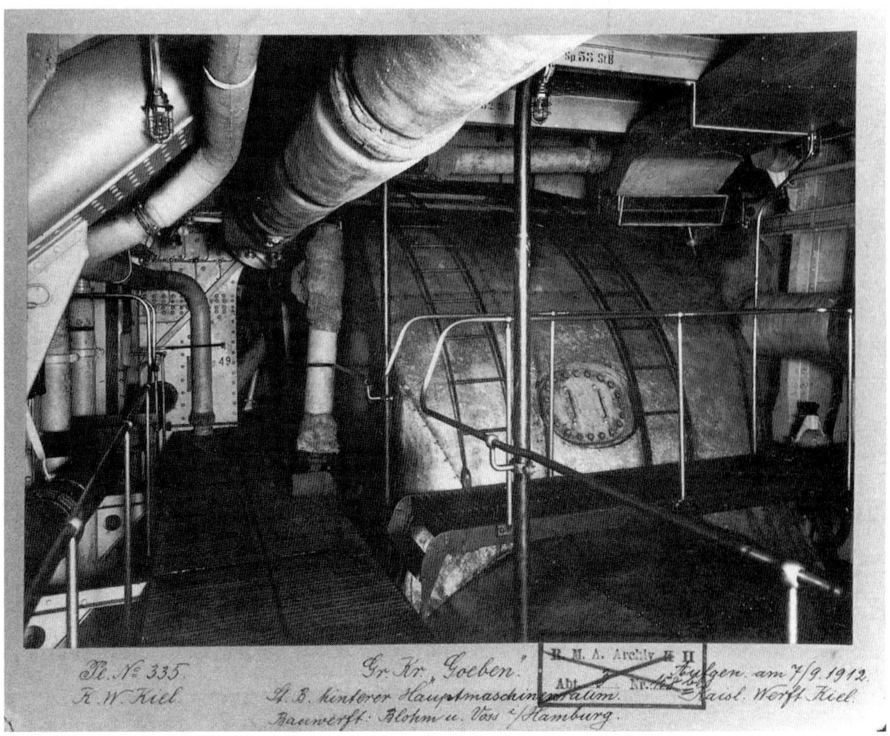
Sp 53 StB
Pl. № 335.
K. W. Kiel
Gr. Kr. „Goeben.“
R. M. A. Archiv K II
Aufgen. am 7/9. 1912.
hinterer Hauptmaschinenraum.
Kaisl. Werft Kiel.
Bauwerft: Blohm u. Voss i/Hamburg.

Zur «Kaiser»-Klasse gehörten neben dem Typschiff, «Friedrich der Große», «Kaiserin», «König Albert» und «Prinzregent Luitpold». Die «Kaiser» lief im März auf der Kaiserlichen Werft Kiel vom Stapel und stellte am 1. 8. 1912 in Dienst. Sie und ihre Schwesterschiffe hatten als erste Großkampfschiffe der Kaiserlichen Marine Turbinenantrieb und Ölzusatzfeuerung. Insgesamt hatte die Maschine eine Leistung von 31 000 PS. Das 21 000 t verdrängende Schiff erreichte eine Geschwindigkeit von 21 kn. Neuartig war ebenfalls die Aufstellung der Schweren Artillerie, möglich geworden durch die platzsparenden Turbinen, wobei die mittleren Artillerietürme diagonal zueinander versetzt angeordnet waren. Von den zwei achteren stand der innere überhöht. Mit dieser Anordnung konnten zehn Rohre nach beiden Seiten zum Tragen gebracht werden. «Kaiser», zum Kern der Hochseeflotte gehörend, wurde in Scapa Flow interniert und dort am 21. 6. 1919 von der eigenen Besatzung versenkt

Pl. Nr 367.
K.W. Kiel
Linienschiff „Kaiser"
Mittlerer Maschinenraum
R. M. A. Archiv K II
Abt. 3 Nr. 157a
Kaisl. Werft Kiel

Pl. Nr 573.
K.W. Kiel
Linienschiff „Kaiser"
Vorderer E. Raum
R. M. A. Archiv K II
Abt. 3 Nr. 157a
Kaisl. Werft Kiel

Bl. № 369
K. W. Kiel
Linienschiff „Kaiser"
II ter Heizraum
Bauwerft Kaisl. Werft Kiel
R. M. A. Archiv K II
Abt. 3 Nr. 157 c
aufgen. am 28/8. 1912.
Kaisl. Werft Kiel

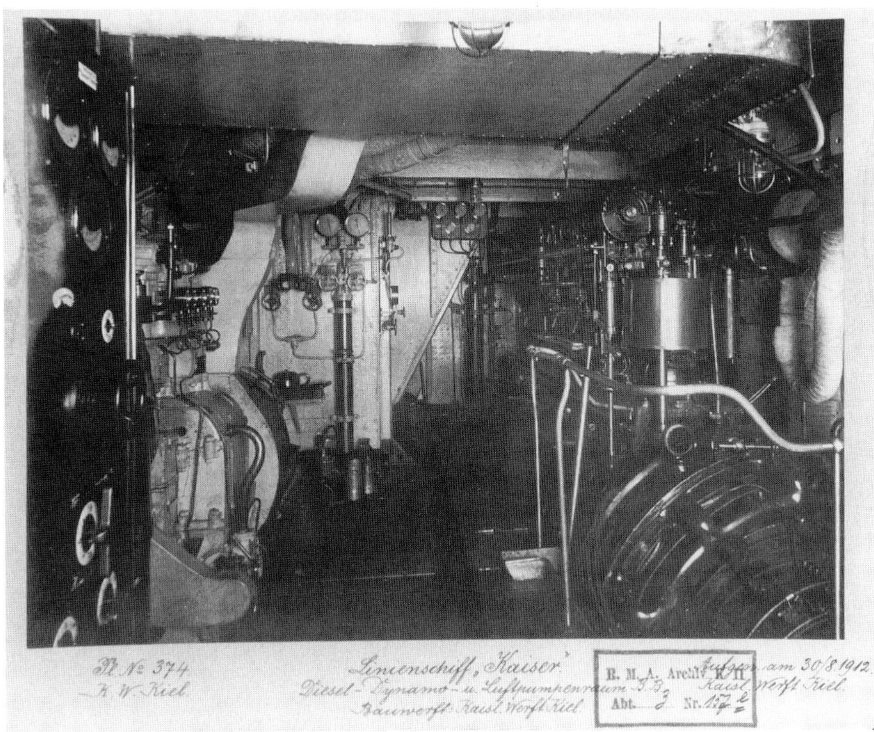
Bl. № 374
K. W. Kiel
Linienschiff „Kaiser"
Diesel-Dynamo- u. Luftpumpenraum B. B.
Bauwerft Kaisl. Werft Kiel
R. M. A. Archiv K II
Abt. 3 Nr. 157 c
aufgen. am 30/8. 1912.
Kaisl. Werft Kiel

Pl. № 376. Linienschiff „Kaiser" Aufgen. am 30/8. 1912.
K.W. Kiel Diesel-Dynamo- u. Luftpumpenraum. B.B. Kaisl. Werft Kiel.
Bauwerft: Kaisl. Werft Kiel.
R. M. A. Archiv K II
Abt. 3 Nr. 157

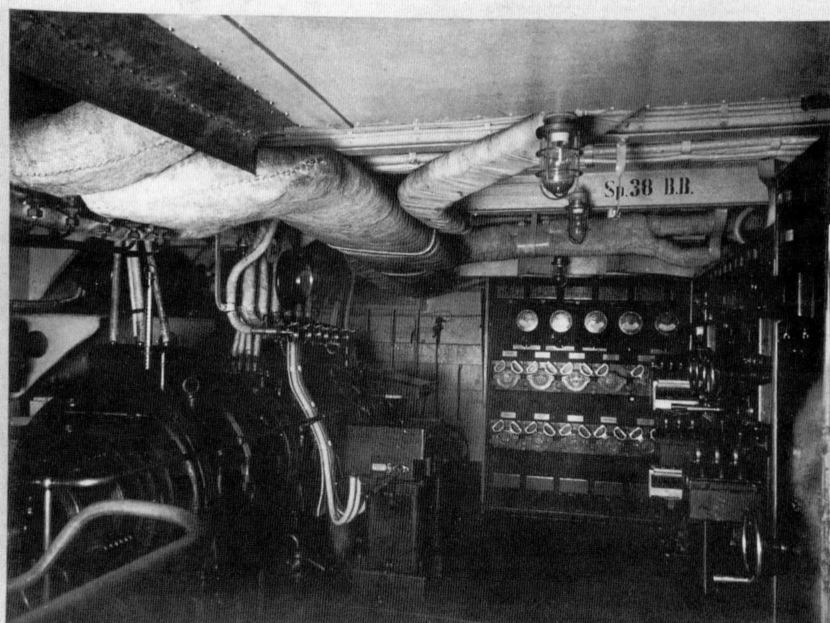

Pl. № 375. Linienschiff „Kaiser" Aufgen. am 30/8. 1912.
K.W. Kiel Diesel-Dynamo- u. Luftpumpenraum. B.B. Kaisl. Werft Kiel.
Bauwerft: Kaisl. Werft Kiel.
R. M. A. Archiv K II
Abt. 3 Nr. 157

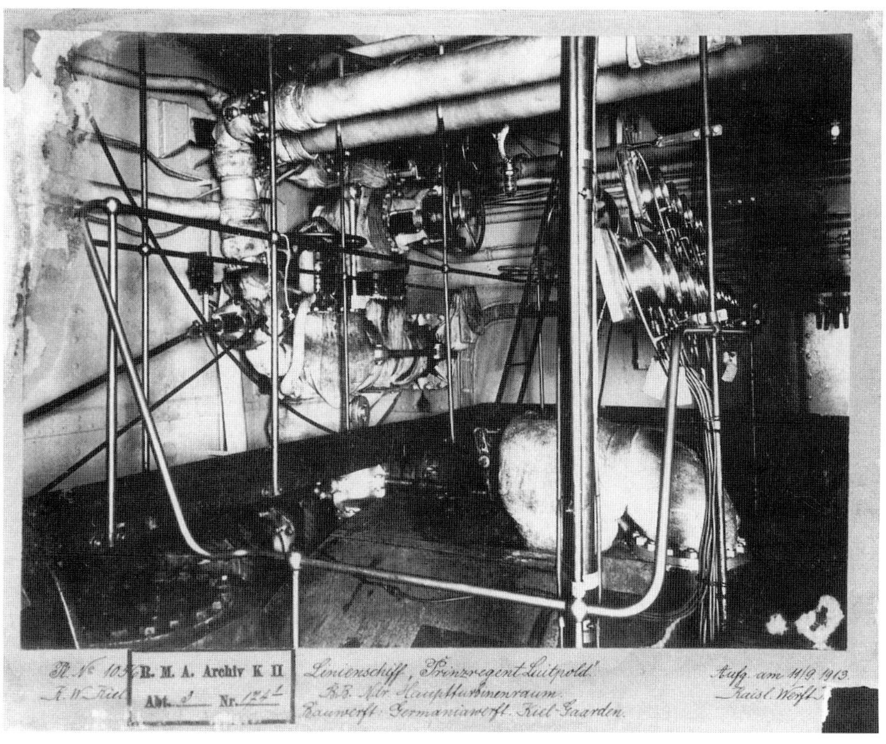

«Prinzregent Luitpold», ein weiteres Schiff der «Kaiser»-Klasse war bis 1916 Flottenflaggschiff. Auf der Germania-Werft in Kiel gebaut, stellte es im September 1913 in Dienst. Durch zwei Parson-Turbinen und ein Sechszylinderdiesel verfügte das Schiff über eine Maschinenleistung von über 26 000 PS; das Schiff erreichte eine Geschwindigkeit von 20 kn. «Prinzregent Luitpold», Teilnehmer an der Skagerrak-Schlacht, war 1917 und 1918 Zentrum der Matrosenunruhen

«König Albert» war das zuletzt gebaute Schiff der «Kaiser»-Klasse. Es lief im April 1912 bei Schichau vom Stapel und stellte am 31. 7. 1913 in Dienst. Als einziges Großkampfschiff der Kaiserlichen Marine nahm es nicht an der Seeschlacht vor dem Skagerrak teil, doch gehörte es zu den Flottenkräften, die die Operation gegen die Baltischen Inseln durchführten. «König Albert» wurde in Scapa Flow interniert und dort von der eigenen Besatzung versenkt

Pl. № 1226
K. W. Kiel
Linienschiff „König Albert".
Vordere E. Station. (Hauptgruppe.)
Bauwerft: Schichauwerft i/Danzig
Aufg. am 9/10. 1913.
Kaisl. Werft Kiel.

Pl. № 1227.
K. W. Kiel.
Linienschiff „König Albert."
I. Heizraum.
Bauwerft: Schichauwerft i/Danzig.
Aufg. am 13/10. 1913.
Kaisl. Werft Kiel.

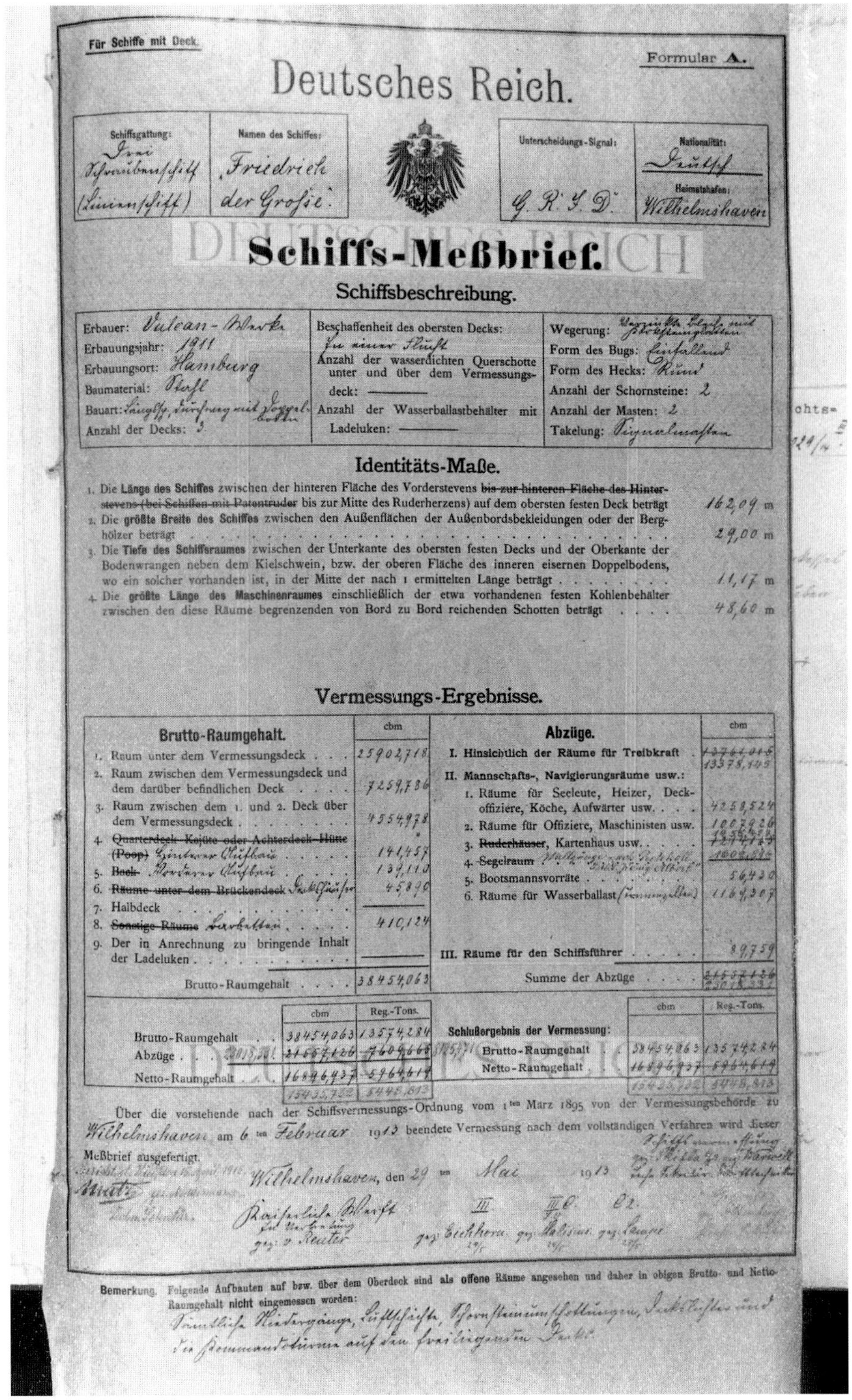

Für Schiffe mit Deck.

Formular A.

Deutsches Reich.

Schiffsgattung:	Namen des Schiffes:	Unterscheidungs-Signal:	Nationalität:
Zwei Schraubenschiff (Linienschiff)	„Friedrich der Große"	Q. R. S. D.	Deutsch; Heimatshafen: Wilhelmshaven

Schiffs-Meßbrief.

Schiffsbeschreibung.

Erbauer: Vulcan-Werke	Beschaffenheit des obersten Decks:	Wegerung:
Erbauungsjahr: 1911		Form des Bugs:
Erbauungsort: Hamburg	Anzahl der wasserdichten Querschotte unter und über dem Vermessungsdeck: ——	Form des Hecks: Rund
Baumaterial: Stahl		Anzahl der Schornsteine: 2
Bauart:	Anzahl der Wasserballastbehälter mit Ladeluken: ——	Anzahl der Masten: 2
Anzahl der Decks: 3		Takelung:

Identitäts-Maße.

1. Die Länge des Schiffes zwischen der hinteren Fläche des Vorderstevens ~~bis zur hinteren Fläche des Hinterstevens (bei Schiffen mit Patentruder~~ bis zur Mitte des Ruderherzens) auf dem obersten festen Deck beträgt . . . 162,04 m
2. Die größte Breite des Schiffes zwischen den Außenflächen der Außenbordsbekleidungen oder der Berghölzer beträgt . . . 29,00 m
3. Die Tiefe des Schiffsraumes zwischen der Unterkante des obersten festen Decks und der Oberkante der Bodenwrangen neben dem Kielschwein, bzw. der oberen Fläche des inneren eisernen Doppelbodens, wo ein solcher vorhanden ist, in der Mitte der nach 1 ermittelten Länge beträgt . . . 11,17 m
4. Die größte Länge des Maschinenraumes einschließlich der etwa vorhandenen festen Kohlenbehälter zwischen den diese Räume begrenzenden von Bord zu Bord reichenden Schotten beträgt . . . 48,60 m

Vermessungs-Ergebnisse.

Brutto-Raumgehalt.	cbm	Abzüge.	cbm
1. Raum unter dem Vermessungsdeck	25902,718	I. Hinsichtlich der Räume für Treibkraft	13378,405
2. Raum zwischen dem Vermessungsdeck und dem darüber befindlichen Deck	7259,786	II. Mannschafts-, Navigierungsräume usw.:	
3. Raum zwischen dem 1. und 2. Deck über dem Vermessungsdeck	4554,978	1. Räume für Seeleute, Heizer, Deckoffiziere, Köche, Aufwärter usw.	4258,524
4. ~~Quarterdeck-Kajüte oder Achterdeck-Hütte (Poop)~~ Hinterer Aufbau	141,457	2. Räume für Offiziere, Maschinisten usw.	1007,926
5. ~~Back~~ Vorderer Aufbau	139,110	3. ~~Ruderhäuser~~, Kartenhaus usw.	[illegible]
6. ~~Räume unter dem Brückendeck~~	45,890	4. ~~Segelraum~~	[illegible]
7. Halbdeck		5. Bootsmannsvorräte	56,420
8. ~~Sonstige Räume~~	410,124	6. Räume für Wasserballast	1164,307
9. Der in Anrechnung zu bringende Inhalt der Ladeluken	——	III. Räume für den Schiffsführer	89,759
Brutto-Raumgehalt	38454,063	Summe der Abzüge	[illegible]

	cbm	Reg.-Tons.	Schlußergebnis der Vermessung:	cbm	Reg.-Tons.
Brutto-Raumgehalt	38454,063	13574,284	Brutto-Raumgehalt	38454,063	13574,284
Abzüge	~~21557,626~~	~~7609,665~~	Netto-Raumgehalt	~~16896,437~~ 15435,732	~~5964,619~~ 5448,813
Netto-Raumgehalt	~~16896,437~~ 15435,732	~~5964,619~~ 5448,813			

Über die vorstehende nach der Schiffsvermessungs-Ordnung vom 1ten März 1895 von der Vermessungsbehörde zu Wilhelmshaven am 6ten Februar 1913 beendete Vermessung nach dem vollständigen Verfahren wird dieser Meßbrief ausgefertigt.

Wilhelmshaven, den 29ten Mai 1913

Kaiserliche Werft

Bemerkung. Folgende Aufbauten auf bzw. über dem Oberdeck sind als offene Räume angesehen und daher in obigen Brutto- und Netto-Raumgehalt nicht eingemessen worden:

Sämtliche Niedergänge, Luftschächte, Schornsteinummantelungen, Oberlichter und die Kommandotürme auf den freiliegenden Decks.

Die «Friedrich der Große» war seit ihrer Indienststellung am 15. 10. 1912 bis 1916 Flottenflaggschiff. Nahm, wie die übrigen Schiffe der «Kaiser»-Klasse, an allen größeren Operationen des Seekrieges teil. Von der eigenen Besatzung 1919 in Scapa Flow versenkt

Die «Ersatz Prinzess Wilhelm» war der Kleine Kreuzer «Graudenz». In den Jahren 1912 bis 1914 auf der Kaiserlichen Werft Kiel gebaut, verdrängte er bei einer Länge von 142,7 m 6 382 t.

Die Panzerung der «Graudenz» war nach Erich Groener: «Panzer Krupp: Deck 020-040/40-60, Kollisionsschott 40, Munitionssülle 20»

Ein Tag vor dem Stapellauf. Die «Graudenz» wurde von zwei Satz Marineturbinen mit einer Leistung von 26 000 PS angetrieben. Ihre Geschwindigkeit betrug 27 kn

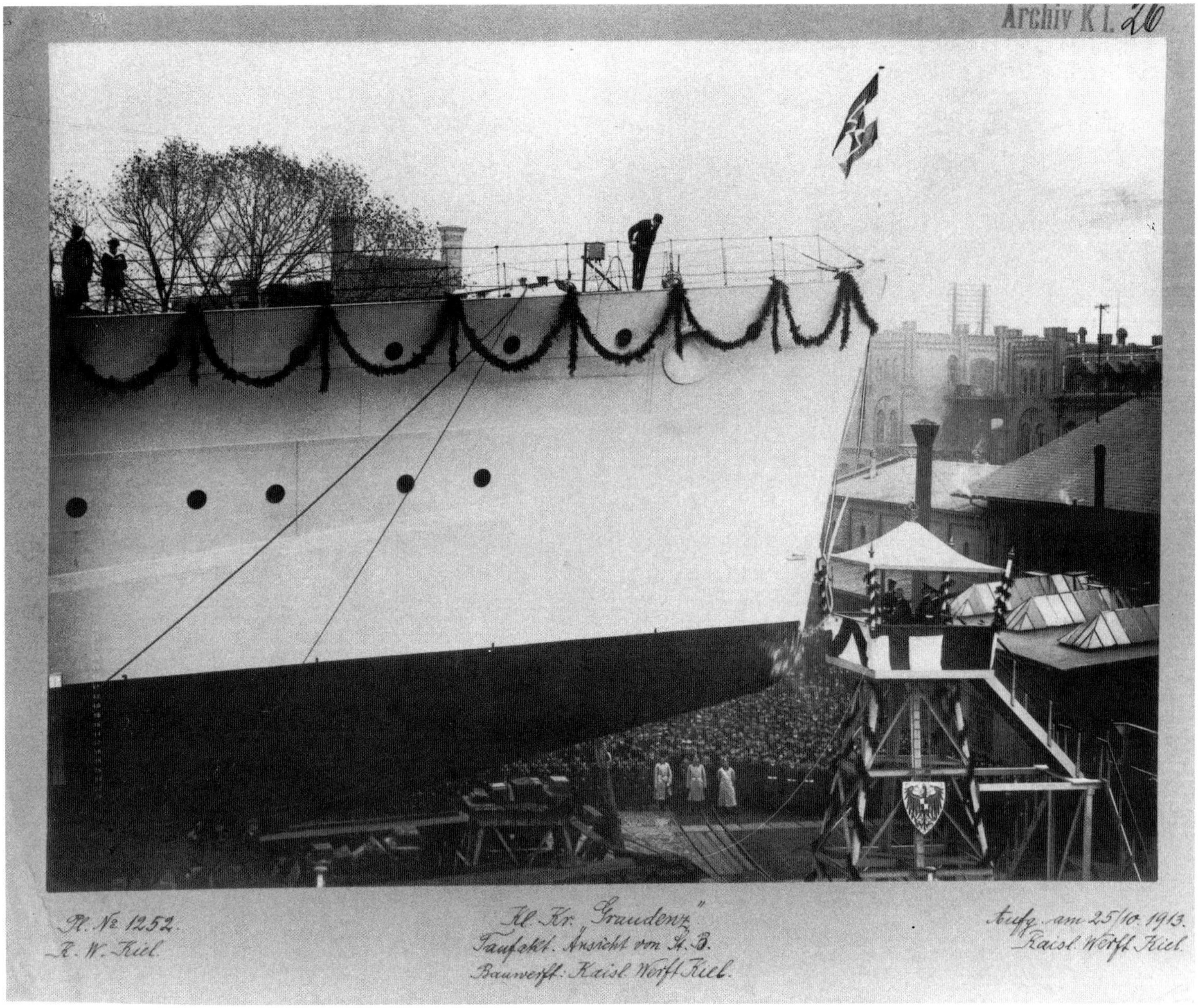

Der Taufakt der «Graudenz». Dem Fotografen ist es gelungen, den Moment festzuhalten, an dem die berühmte Flasche Champagner am Bug zerschellt. Beachte den bei diesem Schiff eingeführten «Kreuzerbug»

Der Kleine Kreuzer «Graudenz» in der Ausrüstung auf der Kaiserlichen Werft Kiel. Vor dem Bug des Schiffes in der Werft liegende Torpedoboote. Das Schiff hatte eine Besatzung von 21 Offizieren und 364 Unteroffizieren und Mannschaften, seine Bewaffnung bestand aus sieben 15-cm-Geschützen, zwei 8,8-cm-Flak, zwei Seitenunterwasser- sowie zwei Deckstorpedorohren zu 50 cm

Die «Graudenz» etwa ein Monat vor Indienststellung in der Werft liegend

«Ersatz Irene», der Kleine Kreuzer «Regensburg». Hier ein Bild vom Frühstadium des Baues auf der A. G. Weser, Bremen

Die «Regensburg», Schwesterschiff der «Graudenz», auf der Helling. Gut erkennbar die aufgenietete Panzerung

«Regensburg» hatte zehn Marinekessel und zwei Ölmarinedoppelkessel

Der in der Ausrüstung befindliche Kleine Kreuzer. Eine der 15-cm-Kanonen ist bereits an Bord. Das Schiff stellte im Januar 1915 in Dienst

Vorder- und Heckansicht der in Ausrüstung befindlichen «Regensburg», an deren Backbord gerade ein Schwimmkran festgemacht hat

Dieser Gegenstand darf nur den bei der Ausar-
des Angebots oder den beim
beteiligten
bekannt gegeben und von ihnen nur zu
dieser ihrer Tätigkeit benutzt werden.
Zuwiderhandelnde setzen sich der Gefahr aus,
bestraft zu werden. Siehe auch § 20 der
80 der Allgemeinen Baubestimmungen.

Gesamtansicht der in der Ausrüstung befindlichen «Regensburg». Das Schiff wurde nach 1918 an Frankreich ausgeliefert und fuhr als «Strasbourg» bis 1934 unter der Trikolore

Dieser Gegenstand darf nur den bei der
beitung des Angebots oder den beim Bau
Personen bekannt gegeben und von ihnen nur
Zwecken dieser ihrer Tätigkeit benutzt werden.
Zuwiderhandelnde setzen sich der Gefahr
gerichtlich bestraft zu werden. Siehe auch § 20
Nr. 80 der Allgemeinen Baubestimmungen.

«Rostock» lief am 12. 11. 1912 bei den Howaldts-Werken Kiel vom Stapel und stellte am 5. 2. 1914 in Dienst. Das Schiff war an verschiedenen Seekriegsoperationen beteiligt. Bei dem in der Skagerrak-Schlacht stattfindenden Nachtgefecht erhielt die «Rostock» mehrere Treffer und wurde als nicht «heimmarschfähig» durch eigene Torpedoboote versenkt

Pl. № 1431. Kl. Kr. „Rostock" Aufg. am 2/2. 1914.
K. W. Kiel. III ter Kesselraum K. W. Kiel.
Bauwerft: Howaldts-Werke i/Dietrichsdorf.

Pl. № 1551. Kl. Kr. „Rostock" Aufg. am 21/3. 1914.
K. W. Kiel. Hülfsmaschinenraum. K. W. Kiel.
Bauwerft: Howaldt's-Werke i/Dietrichsdorf.

«Frankfurt», Bauwerft, Kaiserliche Werft Kiel, stellte am 10. 8. 1915 in Dienst. In Scapa Flow interniert, wo die Selbstversenkung des Schiffes vereitelt werden konnte. «Frankfurt» kam als Kriegsbeute in die USA, wo sie bei Versuchen durch Fliegerbomben 1921 versenkt wurde

Bauwerft der «Wiesbaden» war die AG Vulcan, Stettin, Baudauer von 1913 bis 1915. Sie kam am 20. 8. 1915 zur Flotte. Das Schiff wurde während der Skagerrak-Schlacht durch britisches Artilleriefeuer versenkt. Von den 17 Offizieren und 457 Unteroffizieren und Matrosen überlebte nur ein Besatzungsmitglied. An Bord des Schiffes war auch der Marinedichter Gorch Fock gewesen

"Wiesbaden"
30.1.15.

Stapellauf der «Wiesbaden» im Januar 1915. Im Gegensatz zum Stapellauf der «Graudenz» der kriegsbedingte geringe Aufwand bei den Feierlichkeiten

«Wiesbaden» hatte eine Maschinenleistung von 31 000 PS und erreichte 27,5 kn

«Kronprinz Wilhelm» war ein 14 908 BRT verdrängendes Passagierschiff, das entsprechend der MOB.-Planung von «Karlsruhe» am 6. 8. 1914 auf See als Hilfskreuzer in Dienst gestellt wurde. Das auffällige, einen großen Kohlenvorrat benötigende Schiff bewährte sich als Hilfskreuzer nicht. Im April 1915 in den USA interniert, wurde es nach Kriegseintritt der Vereinigten Staaten von diesen beschlagnahmt

150

Abschrift von Abschrift zu A. I e 592

B. 522/15.

S.M.S. "Ayesha"

Padang, den 28. November 1914.

Während des Gefechtes S.M.S. "Emden" mit dem englischen Kreuzer "Sydney" befand ich mich mit zwei Offizieren, den Leutnants z.S. Schmidt und Gyßling (beide früher auf "Gneisenau") an Land zur Zerstörung der Kabel und F.T.-Station Keeling. Das Landungskorps bestand aus 47 Unteroffizieren und Mannschaften (Siehe Anlage).

Es gelang dem Landungskorps nicht mehr, die auslaufende "Emden" zu erreichen. Ich besetzte zunächst die Insel und richtete mich zur Verteidigung ein. Alsdann verfolgte ich das Gefecht. Gegen 3 Uhr nachmittags verschwanden die beiden Schiffe kämpfend unter dem Horizont. Der Kampf hatte gegen 10 Uhr vormittags begonnen. "Emden" hatte stark gelitten. Es waren mehrere Treffer ins Achterschiff eingeschlagen, das ganze Achterschiff brannte. Der vorderste Schornstein und der Fockmast waren weggeschossen. Der Gegner schoß schlecht. Die Wirkung der Treffer war aber groß. Die Wirkung der Treffer der "Emden" beim Gegner war scheinbar gering, trat wenigstens äußerlich nicht in besondere Erscheinung. Ein T-Schuß der "Emden" verfehlte das Ziel. Kampfentfernung war zunächst etwa 30 hm, später 50 hm. "Emden" schoß schnell und gut, aber bald nur mit wenigen Geschützen. Gegen 5 Uhr kamen die Schiffe immer noch fechtend in Sicht. "Emden", von der nur die obere Hälfte des Mastes zu sehen war, fuhr ganz langsam östlich. Der

Gegner

- 5 -

152

über die Hoheitsgrenze Hollands erstrecken würde.

Sofort nach Erhalt des Proviants usw. will ich auslaufen und Schiff und Besatzung nach den gegebenen Verhältnissen so verwenden, wie es mir im Interesse des Kaiserlichen Dienstes am besten erscheint.

Auf den im Hafen liegenden deutschen Dampfern herrscht seit der Ankunft S.M.S. "Ayesha" große Begeisterung. Wir werden mit Liebesgaben wie Zeitungen, Wein, Früchten, Kleidern, Nähzeug, Schuhzeug, Tabak, Cigarren, Cigaretten, Feuerzeuge, Eier, Thee, Tabakpfeifen, Uhren usw. überschwemmt. Alle diese Gegenstände kommen gemäß meiner Vereinbarung mit der holländischen Regierung und auf meinen ausdrücklichen Wunsch stets auf dem Wege über das holländische Wach-Schiff an Bord. Zettel mit Grüßen und Wünschen liegen bei. Ein langer begeisterter Brief an die Besatzung ist soeben abgegeben worden.

Die Stimmung unter der Besatzung ist gut. Sie ist besonders gehoben, seit wir hier zum ersten Mal seit Beginn des Krieges statt der englischen Lügennachrichten deutsche Zeitungen zu lesen erhalten haben. Die Besatzung wird ihr Äußerstes tun, um das nachzuholen, was zu tun in dem heroischen Kampfe ihres alten Schiffes ihr vom Geschick vorenthalten war.

gez. v. Mücke

Kapitänleutnant.

Aus dem Bericht des Kommandeurs des Landungszuges der «Emden», der sich mit seinen Männern in die Heimat durchgeschlagen hatte

Das Große Torpedoboot S 144 nach einem Einsatz im Dock am 24. 8. 1915

ist ein geheimer
im Sinne des § 1 des
den Verrat militärischer
vom 3ten Juni 1914.
Geheim!

Dieses ist ein geheimer Gegenstand
im Sinne des § 1 des Gesetzes
gegen den Verrat militärischer Ge-
vom 3ten Juni 1914
1914, Seite 205.)
BLOHM & VOSS
24 AUG. 1915
HAMBURG
S 144
8

Der Kleine Kreuzer «Elbing» stellte am 1. 9. 1915 in Dienst. Ursprünglich bei Schichau für Rußland in Auftrag gegeben, übernahm die Kaiserliche Marine das Schiff. Es sank nach einer Kollision mit der «Posen» am 1. 6. 1916 während der Skagerrak-Schlacht unter Verlust von vier Mann

Der Amtsentwurf des Minendampfers D, «Bremse». Das Schiff lief im März 1916 vom Stapel und kam am 1. 7. 1916 zur Flotte. «Bremse» ebenso wie das Schwesterschiff «Brummer» wurde unter Ausnutzung der Maschinenanlage eines russischen Schlachtkreuzers gebaut. Die Maschinenleistung betrug 42 797 PS, die Geschwindigkeit 28 kn. Die Bewaffnung der «Bremse» bestand aus vier 15-cm-Geschützen, zwei 8,8-cm-Flak, zwei 50-cm-Torpedorohren und 400 Minen. In Scapa Flow interniert, versenkte die eigene Besatzung das Schiff

Archiv K I. 65
R. № 4244.
K. W. Kiel.
S. M. S. „Bremse."
Meilenfahrt im kl. Belt. - Wassertiefe: 25 m.
Umdrehg: 240. - Geschw: 21,208 Sm.
Bauwerft: Vulcan-Werke. Stettin-Bredow.
Aufg. am 29/8. 1916
K. W. Kiel.

Archiv K I. 48
Nur für den Dienstgebrauch
Pl. № 4229.
K. W. Kiel
S. M. S. „Bremse."
Meilenfahrt im kl. Belt. - Wassertiefe: 25 m.
Umdrehg: 358. - Geschw: 26,568 Sm.
Bauwerft: Vulcan - Werke Stettin - Bredow.
Aufg. am 24. 5. 1916
K. W. Kiel.

Archiv K L.
Pl. № 4188.
K. W. Kiel.
S. M. S. „Bremse."
Meilenfahrt im kl. Belt – Wassertiefe: 34 m.
Umdrehg: 369. – Geschw: 28,124 Sm.
Bauwerft: Vulcan-Werke Stettin-Bredow.
Aufg. am 24/8.1916
K. W. Kiel.

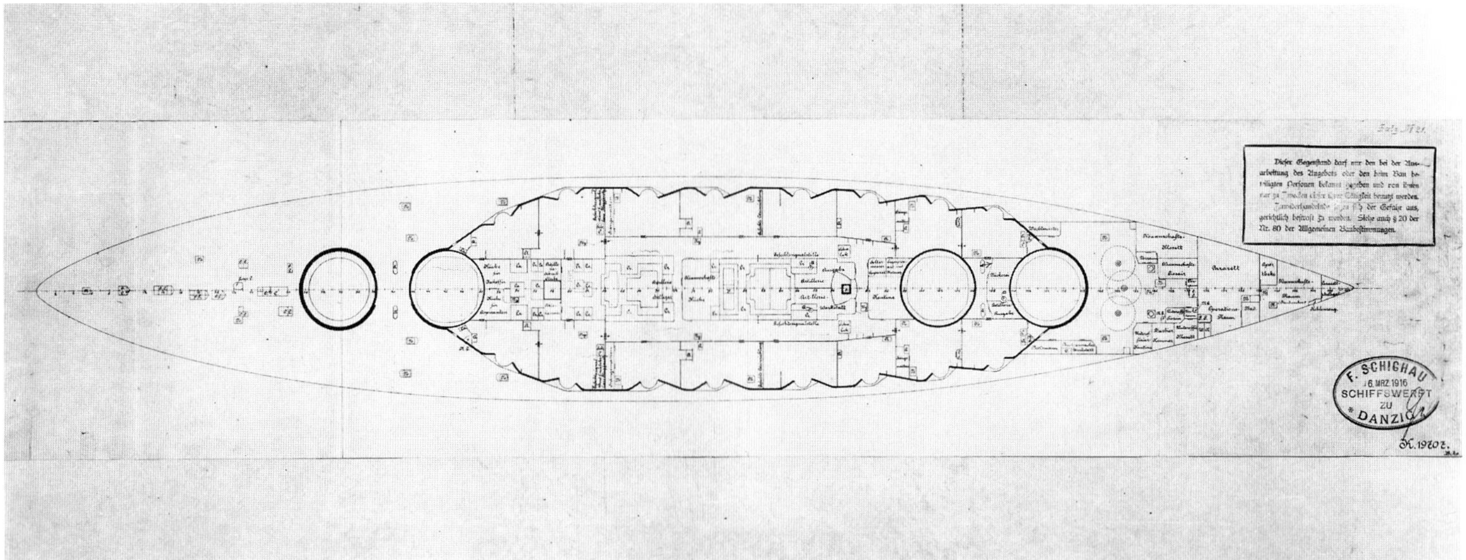

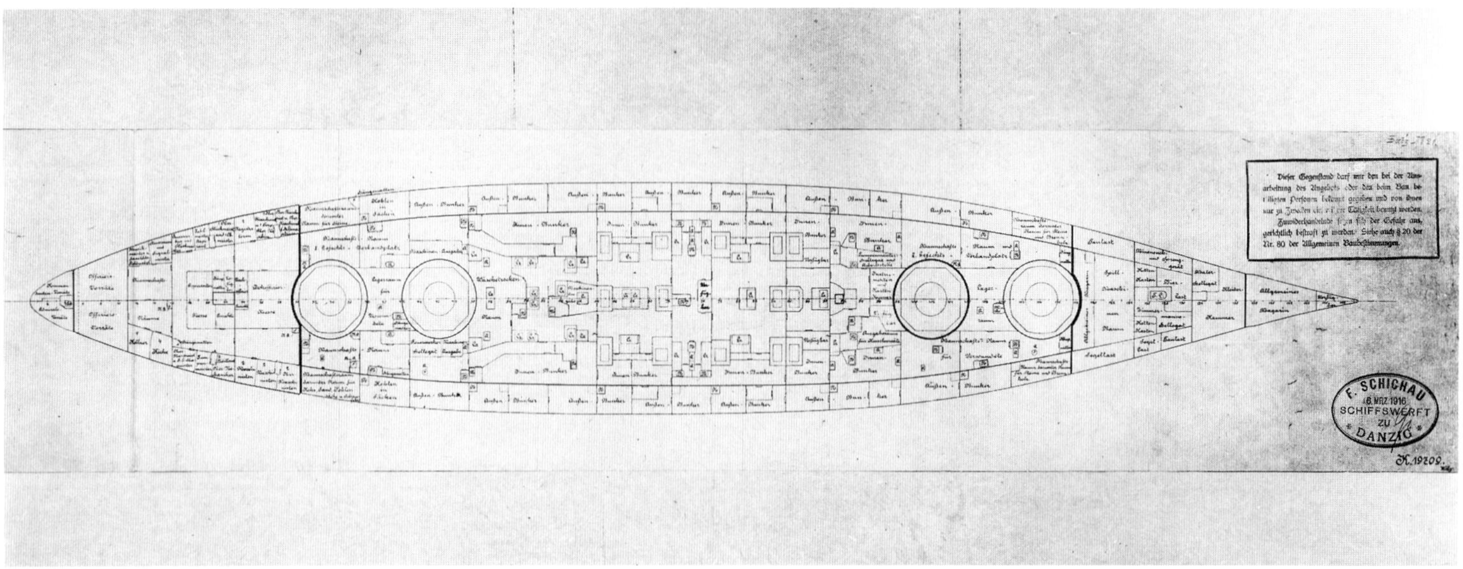

Risse aus dem Planheft des Schlachtschiffes «Baden». Das Schiff gehörte zu den letzten und modernsten Großkampfschiffen der Kaiserlichen Marine. Es verdrängte 32 200 t, die Maschinenleistung betrug 56 275 PS und die Geschwindigkeit 22 kn. Die «Baden» stellte am 19. 10. 1916 in Dienst und wurde Flottenflaggschiff. In Scapa Flow interniert, konnte die Selbstversenkung durch britische Bugsiermittel verhindert werden. Als Zielschiff der Royal Navy fahrend, ging die ehemalige «Baden» im August 1921 unter

Die «König», Typschiff einer Klasse von vier Schlachtschiffen, kam am 10. 8. 1914 zur Flotte. Sie verdrängte 28 600 t, die Maschine leistete 43 300 PS und die Geschwindigkeit betrug 21 kn. Die Schwere Artillerie zählte zehn 30,5-cm-Geschütze, deren Türme in der Mittelschiffslinie angeordnet waren. Das Schiff nahm an der Skagerrak-Schlacht als Flaggschiff des III. Geschwaders nicht ohne Schaden teil. Das Wrack des in Scapa Flow von der eigenen Besatzung versenkten Schiffes wurde erst 1967 abgebrochen

geheimer Gegenstand
im Sinne
des Gesetzes
gegen den
heimnisse vom 3ten
1914,
R. G. Bl. 1914, Seite 205.

Treffer 2

Treffer 8
Aufnahme 2

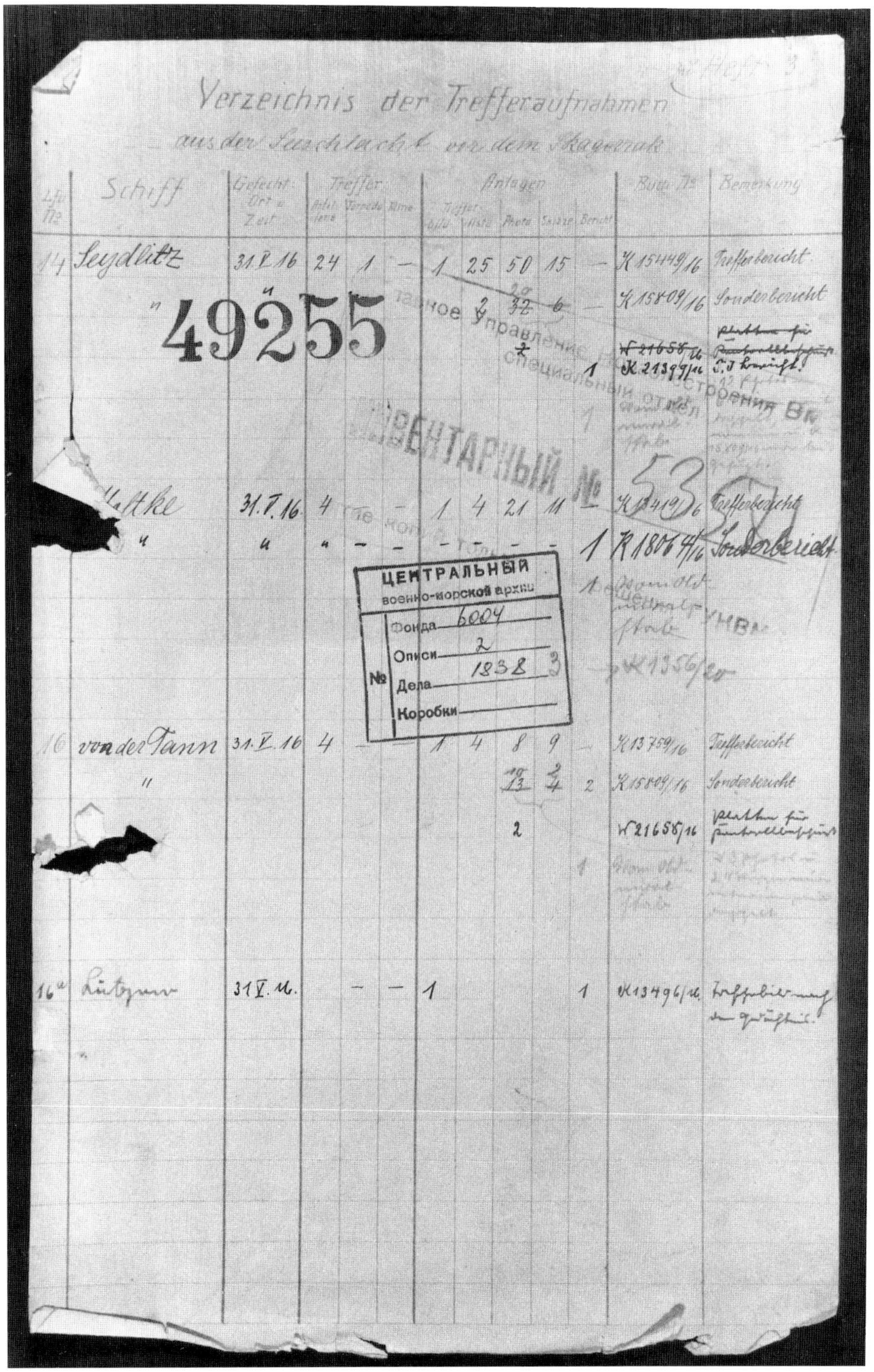

Verzeichnis der Trefferaufnahmen
aus der Seeschlacht vor dem Skagerrak

Lfd. Nr.	Schiff	Gefecht Ort u. Zeit	Treffer: Artillerie	Torpedo	Mine	Anlagen: Trefferbild	Trefferliste	Photo	Skizze	Bericht	Bild Nr.	Bemerkung
14	Seydlitz	31.V.16	24	1	–	1	25	50	15	–	K 15449/16	Trefferbericht
	"	"					2	20 / 32	6	–	K 15809/16	Sonderbericht
								2			~~K 21658/16~~	[illegible]
										1	K 21399/16	[illegible]
[illegible]	[illegible]ltke	31.V.16	4		–	1	4	21	11	–	K 13419/16	Trefferbericht
	"	"	"	–	–	–	–	–	–	1	K 18064/16	Sonderbericht
16	von der Tann	31.V.16	4	–	–	1	4	8	9	–	K 13759/16	Trefferbericht
	"							18 / 13	2 / 4	2	K 15809/16	Sonderbericht
								2			K 21658/16	[illegible]
16a	Lützow	31.V.16		–	–	1				1	K 13496/16	[illegible]

«Von der Tann» war der erste deutsche Schlachtkreuzer, eine Antwort auf die britische «Invincible», deren Turbine in diesem Bild festgehalten wurde. Das Schiff gehörte zu den Schlachtkreuzern der 1. Aufklärungsgruppe, die während der Schlacht vor dem Skagerrak besonders betroffen waren. Ebenso wie bei der «König» und anderen Schiffen wurden sämtliche Treffer sorgfältig registriert und ausgewertet

Dieser Gegenstand darf nur den bei der Ausarbeitung des Angebots oder den beim Bau beteiligten Personen bekannt gegeben und von ihnen nur zu Zwecken dieser ihrer Tätigkeit benutzt werden.
Zuwiderhandelnde setzen sich der Gefahr aus, gerichtlich bestraft zu werden. Siehe auch § 20 der Nr. 80 der Allgemeinen Baubestimmungen.
33

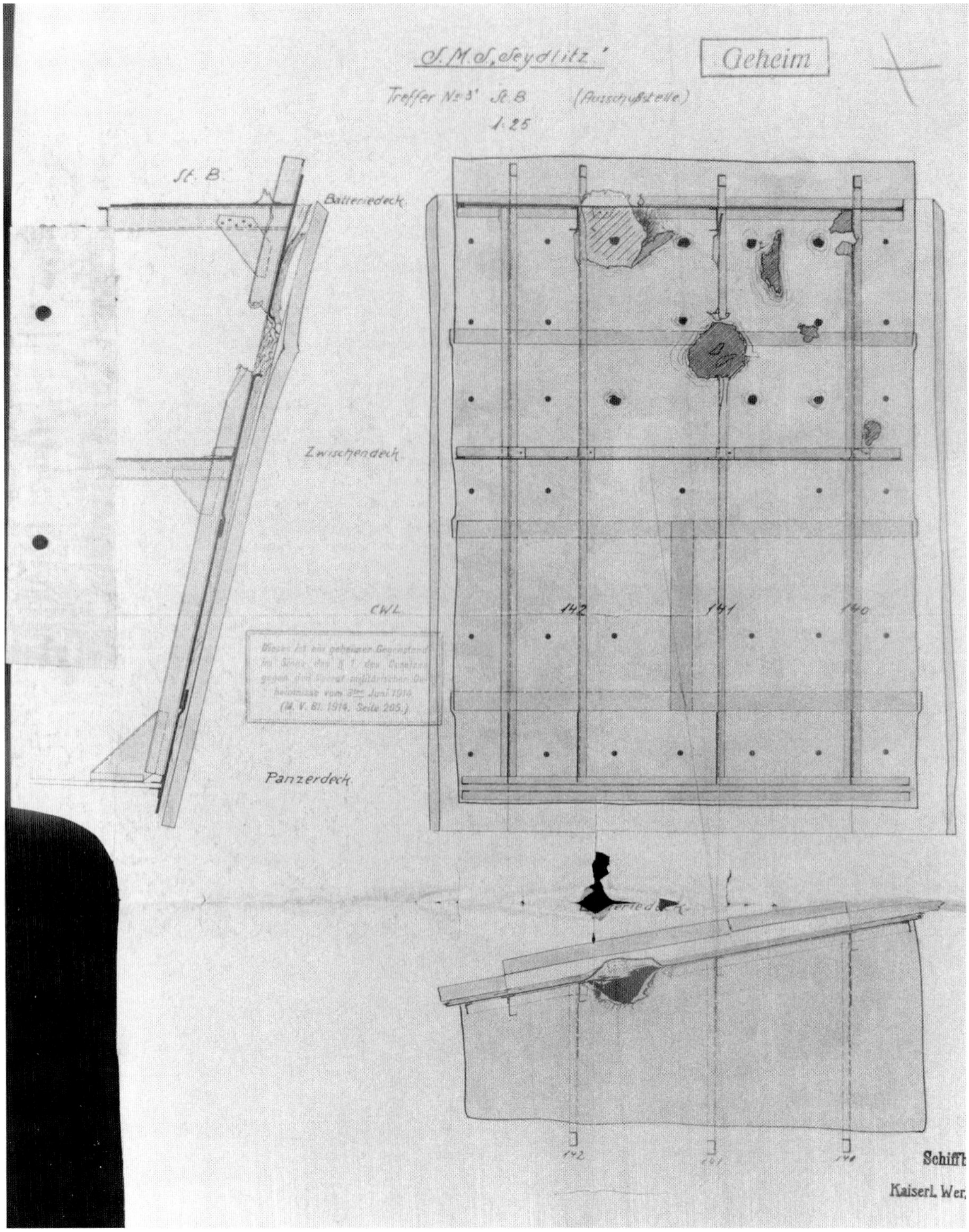

Der Schlachtkreuzer «Seydlitz», ebenfalls zur 1. Aufklärungsgruppe der Hochseeflotte gehörend, erhielt 24 Artillerietreffer und einen Torpedotreffer, 98 Mann der Besatzung fanden den Tod. Mit 5 000 t Wasser im Schiff, erreichte die «Seydlitz» rückwärts laufend den Heimathafen. Die Unterlagen hierüber waren noch für die östliche Siegermacht des Jahres 1945 von Interesse

Die «Seydlitz» nach dem 31. 5. 1916 in Wilhelmshaven. Gut sichtbar das tief im Wasser liegende Vorschiff. Zur Gewichtserleichterung sind die Rohre des vorderen Turmes ausgebaut worden

Bilder, die für sich sprechen. Detailaufnahmen von Treffern auf der «Seydlitz»

10

8
I.H.434c

Zwei neue Waffen bestimmen am Ende des Ersten Weltkrieges den Seekrieg: U-Boot und Flugzeug. Vor allem die Entwicklung von in U-Booten verwendbaren Dieselmotoren unmittelbar vor Kriegsbeginn war die Voraussetzung für den Einsatz der neuen Waffe in bisher nicht gekanntem Ausmaß. Im folgenden Aufnahmen von U-Bootdieseln, bei MAN in verschiedenen Jahren hergestellt. Zunächst ein 1906 für den späteren Gegner Frankreich gebauter Motor

U-Bootdiesel 1913

U-Bootdiesel 1916

MAN-Diesel auf dem Prüfstand

Ein Bild vom U-Bootbau auf der Schichau-Werft in Danzig aus dem Jahre 1917

Unmittelbar nach Kriegsbeginn wurden schnell zu bauende, kleine U-Boottypen verlangt und entworfen. Das sogenannte UB-Boot, von der belgischen Küste aus eingesetzt, kam in Einzelteilen auf dem Schienenwege nach Belgien und wurde erst dort zusammengesetzt. Hier Bilder aus einem Album in den Akten des Kriegsschiffbauamtes, deren Herkunft nicht ersichtlich ist

Neben Vorteilen hatte die belgische Küste den Nachteil, daß sich bei Kriegsende die Marinestützpunkte in Reichweite der Alliierten Flieger befanden. Hier im Bild einer der ersten Luftschutzbunker aus der gleichen Sammlung

Seite 80.

Zweimotorige Flugzeuge.

Laufende Nummer	See-Flugzeuge Firma Marine-Nr. Art Fabrikbezeichnung Jahr	Motore: Anzahl	Nennwert des einzelnen	Firma	Gesamte effektive Leistung	Benzin: Behälter voll bei Abnahme l	kg	Std.	Propeller: Firma	Anzahl Druck Zug	Durchmesser / Steigung m	Bauzeit: Bestellt am	Angeliefert am	Abgenommen am	Leergewicht / Zuladung / Betriebsgew. kg	Flugleistungen: Barometer mm	Bodentemperat. °Cel.	Steigzeiten in Min. für 500 m	800 m	1000 m	1500 m	2000 m	3000 m	Geschwindigkeit in km/Std. beim Start	Steigen	Horiz.-Flug	Landen	Anlauf in Zeit Sek.	bei Windgeschwindigkeit m/sek.
	1	2	3	4	5	6	7	8	9	10	11	12	13	14	15	16	17	18	19	20	21	22	23	24	25	26	27	28	29
55	Gotha 801 T. 14 A 1917	2	220	Benz	449	995 962	716 693	6,2 6	Integral	2 Zug	3,00 1,60	21. VI. 16	16. I. 17	23. II. 17	2634 1912 4546	768	+ 4	5,5	9	11	18	27				133		16	3—4
56	Gotha 995 T. W. D. 11 1917	2	160	Mercedes	356	476 406	343 292	4 3¹/₃	Imperial	2 Druck	2,75 1,63	26. X. 16	4. IV. 17	18. V. 17	2159 1412 3561	756	+ 13	6	10	12,5	20			87	108	127		17	5—8
57	Gotha 679 T. W. D. 11 1917	2	160	Mercedes	343	720 472	518 340	6 4	Integral	2 Druck	2,80 1,53	5. II. 16	16. VIII. 16	7. X. 16	2079 1424 3503	747	+ 16	5,5	10	13	21,5					123		14	6—10
58	Gotha 676 G. W. D. 7 1916	2	120	Argus	255	248 240	178 173	2¹/₂ 2¹/₂	Integral	2 Zug	2,68 1,48	19. II. 16	15. VII 16	20. VII. 16	1364 554 1918	759	+ 20	3,5	6	8	13,5					135		14	1
59	Gotha 672 G. W. D. 7 1916	2	100	Mercedes	215	248 240	178 173	3 3	Integral	2 Zug	2,68 1,48	19. II. 16	5. VII. 16	10. VII. 16	1331 554 1885	758	+ 15	4	7,5	9,5	17,5			78		125		13	0—1
60	Gotha 120 G. Ursinus 1916	2	160	Mercedes	333	370 236	266 170	3 2	Integral	2 Zug	2,80 1,70	15. IV. 15	5. I. 16	6. II. 16	1940 612 2552	764	+ 5		6,5	8,5	13	21	45	74	109	137		10	5—6
61	Oertz 281 Flugschoner 1917	2	240	Maybach	494	972	700	7	Lorenz	2 Druck	3,20 2,45	26. VIII. 14	16. VIII. 16	. VI. 17	3780 1250 5030														

Inhaltsverzeichnis

nach Flugzeug-Typen geordnet.

Atlas deutscher und ausländischer Seeflugzeuge. Er läßt die Vielfalt der Seeflugzeuge deutlich erkennen, die der Kaiserlichen Marine bei Kriegsende zur Verfügung standen

Tabelle siehe Seite 74; lfd. Nr. 23.
Stabilitätsblatt siehe Seite 64; Nr. 7.

Zeichnung Nr. 20.

26

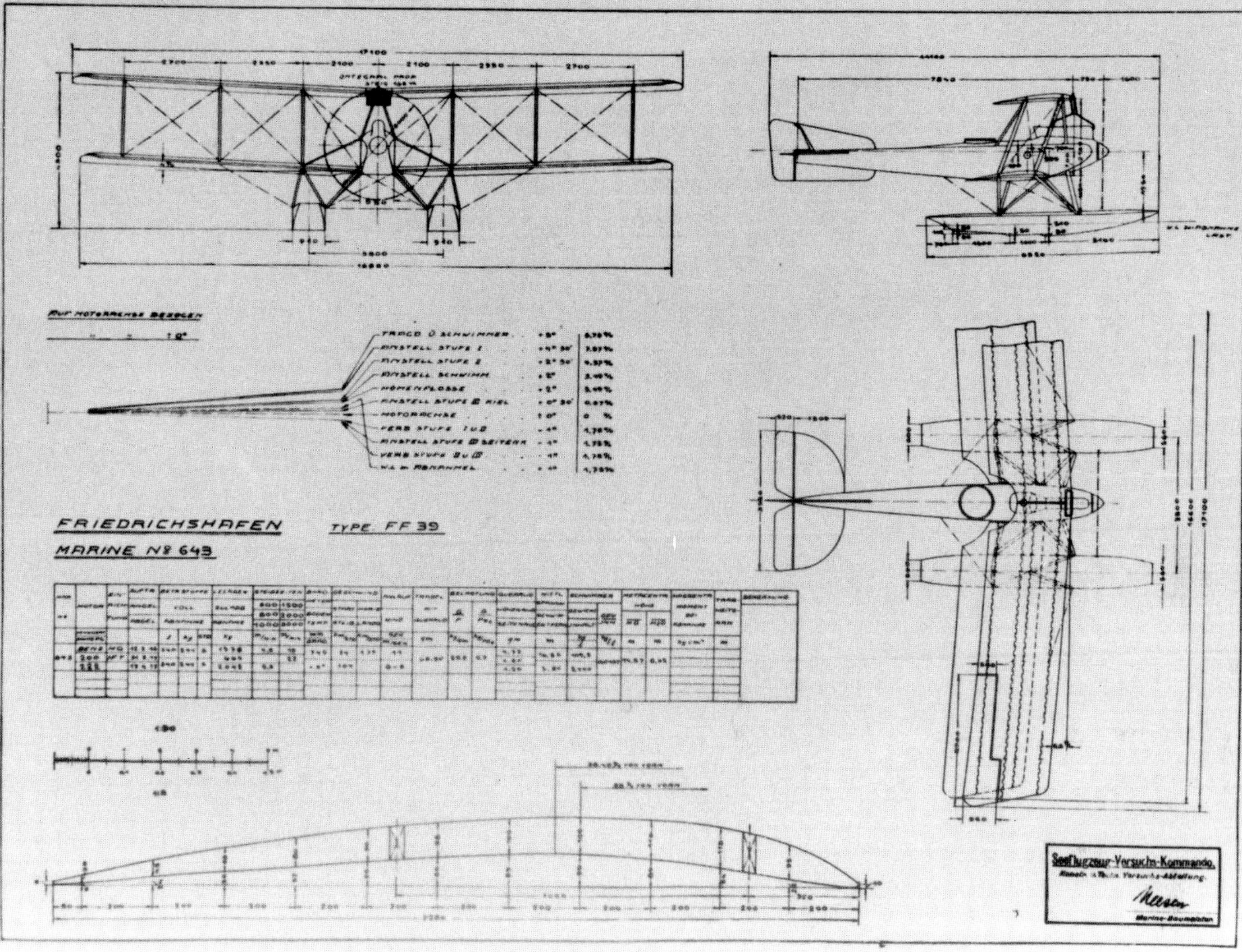

Tabelle siehe Seite 80; lfd. Nr. 61
Stabilitätsblatt siehe Seite —; Nr. —

Zeichnung Nr. 42. 48

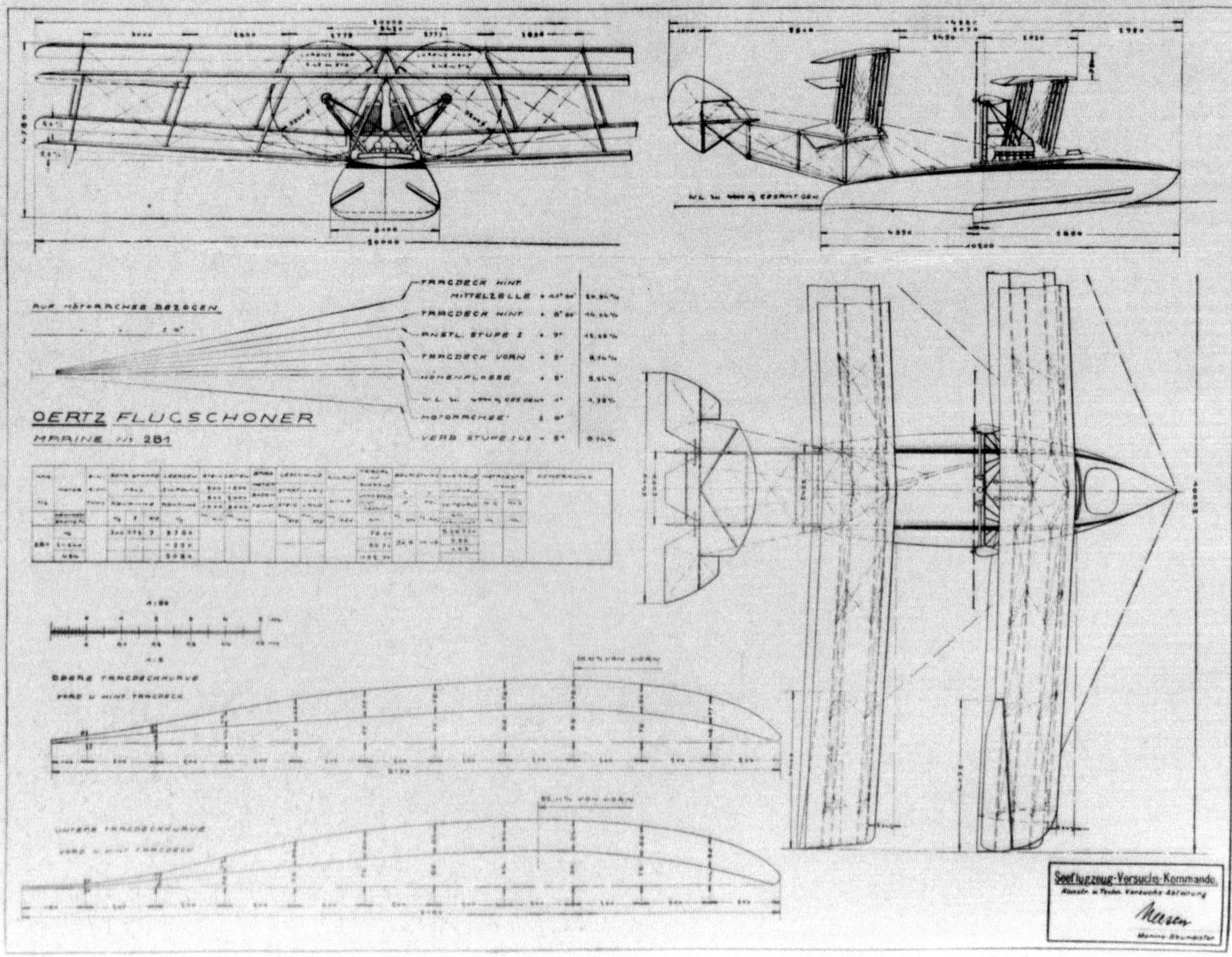

Der Schlachtkreuzer «Graf Spee», die «Ersatz Blücher», lief am 15. 7. 1917 bei Schichau vom Stapel. Das Schiff hatte eine Maschine mit 90 000 PS. Die «Graf Spee» wurde nie fertiggestellt. 1919 konnte das unfertige Schiff verkauft werden. 1921/22 abgebrochen

Archiv K.I. 19
des Angebots oder den beim Bau beteiligten Personen
bekannt gegeben und von ihnen nur zu Zwecken dieser
ihrer Tätigkeit benutzt werden. Zuwiderhandelnde setzen
sich der Gefahr aus, gerichtlich bestraft zu werden. Siehe
auch § 20 der No. 80 der Allgemeinen Bestimmungen.
Gr. Kr. „Graf Spee."
Ablauf.
Bauwerft: Schichauwerft – Danzig.
Pl. No 1386.
K. W. Danzig

Der Große Kreuzer «Ersatz Hertha» war der Schlachtkreuzer «Hindenburg». Auf der Kaiserlichen Werft Wilhelmshaven gebaut, lief das Schiff am 1. 8. 1915 vom Stapel. Am 10. 5. 1917 erfolgte die Indienststellung. Es verdrängte 31 500 t und hatte eine Maschine mit 95 777 PS. Die «Hindenburg» war das letzte Großkampfschiff der Kaiserlichen Marine, kam jedoch nicht mehr ins Gefecht. In Scapa Flow interniert, wurde der Schlachtkreuzer von der eigenen Besatzung versenkt, 1938 gehoben und abgebrochen. Mit ihren Dreibeinmasten, der langen Back und dem Achterschiff galten die Schlachtkreuzer dieser Klasse als schöne Schiffe. Mit ihnen waren sowohl der Höhepunkt als auch das Ende des Schiffbaues der Kaiserlichen Marine erreicht

Archiv K I. 12
Pl. S. Nr. 1264.
K. W. Wilhelmshaven.
Gr. Kreuzer „Ers. Hertha."
Ansicht von oben nach vorne.
Bauwerft: K. W. Wilhelmshaven.
Aufgen. am 27.3.15.
K. W. Wʰhaven.

Geheim
Hindenburg

Nur für den ienstgebrauch
Pl. № 5538.
K. W. Kiel
„Schwimmdock VIII.“
Probedockung mit S.M.S. „Hindenburg.“
Bauwerft: Howaldt's-Werke. Kiel.
Aufg. am 2.8.191
K. W. Kiel.

Archiv K I. 14
Gr. Kr. „Graf Spee."
Hinterschiff.
Bauwerft: Schichauwerft - Danzig.
Pl. No. 1381.
Aufg. 15.9.191

Archiv K I. 63
Pl. Nr. 5384
K. W. Kiel
S.M.S. „Hindenburg.“
Geschwindigkeit: 25,22 sm.
Bauwerft: K. W. Wilhelmshaven
Aufgen. 4. 6. 1917
K. W. Kiel

Datum	Ort.	Name	Typ	Baujahr	Deplacement	Näheres Buch, Seite	Bemerkungen:
7.8.14	Themsemündung	Königin Luise	Hilfsminenleger				
12.8.14	Englische Ostküste	U. 15	Unterseeboot	1911	113		vermutlich zerstört durch engl. Kreuzer Birmingham
27.8.14	Insel Odensholm, Finnischer Meerb.	Magdeburg	Kl. Kreuzer	1911	4550 t		auf Grund geraten, von uns in die Luft gesprengt
28.8.14	Nordsee, Helgoland	Ariadne	Kl. Kreuzer	1900	2650 t		im Seegefecht vor Helgoland im Kampf mit Englischer Übermacht gesunken.
28.8.14	Nordsee, Helgoland	Köln	Kl. Kreuzer	1909	4350 t		
28.8.14	Nordsee, Helgoland	Mainz	Kl. Kreuzer	1909	4350 t		
28.8.14	Nordsee, Helgoland	V. 187	Torpedoboot	1910/11	750 t		
31.8.14		Kaiser Wilhelm d. Gr.	Hilfskreuzer	1897	21 385 t		Unter Neutralitätsverletzung von engl. Kriegschiff Highflyer in spanischen Gewässern zum Sinken gebracht.
13.9.14	Nordsee	Hela	Kleiner Kreuzer	1895	2036 t		Durch engl. U-Boot torpediert, gesunken
17.10.14	In der Nähe der holländischen Küste	S. 115	Torpedoboot	1902	420 t		Im Kampf mit 4 engl. Zerstörern u. 1. engl. Kreuzer gesunken. Beteiligt waren Undaunted (3600 t, 3 Torr. Rs 30 kn.) (light cruiser) Loyal, Legion, Lennox and Lance (destroyers)
17.10.14		S. 117	Torpedoboot	1902	420 t		
17.10.14		S. 118	Torpedoboot	1903	420 t		
17.10.14		S. 119	Torpedoboot	1903	420 t		
		Emden	Kleiner Kreuzer	1908	3650 t	IV, 36, 32, 26, 27.	Durch australischen Kreuzer Sydney in Brand geschossen, durch uns auf Strand gesetzt.
		Königsberg	Kleiner Kreuzer	1905	3400 t		
8.10.14	Nordsee	S. 116	Torpedoboot	1903	420 t		Durch Torpedoschuß eines engl. U-Bootes gesunken.
17.10.14		S. 90	Torpedoboot	1900	400 t		An der chinesischen Küste auf Strand gesetzt und gesprengt, nachdem ein japanisches Schiff vernichtet war.
6.11.14	Kiautschou-Bucht	Cormoran	Kleiner Kreuzer	1892	1630 t	IV. 24.	In Kiautschou, vor Einnahme durch Japaner, durch deutsche Mannschaften gesprengt u. zum Sinken gebracht.
6.11.14		Iltis	Kanonenboot	1898	900 t	IV. 24.	
6.11.14		Jaguar	Kanonenboot	1899	900 t	IV. 24	
6.11.14		Luchs	Kanonenboot	1899	900 t	IV. 24	
6.11.14		Tiger	Kanonenboot	1899	900 t	IV. 24	
6.11.14		Taku	Torpedojäger	1898	280 t	IV. 24	
4.11.14	Jadebusen	York	Panzerkreuzer	1904	9500 t	IV. 2, 8 II. A. 1. 6. 2.	Im Jadebusen auf deutsche Mine gelaufen u. gesunken bei nebeligem Wetter.
		Cap Trafalgar	Hilfskreuzer	1912	18000 [illegible]		
17.11.14		Berlin	Hilfskreuzer	1908		IV. 29	Trondheim (Norwegen) interniert.
9.11.14	Honolulu	Geier	Ungeschützter Kreuzer	1892	1600 t	IV. 5.	In Honolulu interniert

Dem Ende entgegen. Verzeichnis der Verluste und Havarien der Kaiserlichen Marine für die Jahre des Ersten Weltkrieges

Datum	Ort	Name	Typ	Baujahr	Deplacement	Band, Seite	Bemerkungen:
3.11.14	Falsterbo	„	Torpedoboot			IV. 35	Schwer beschädigt durch Zusammenstoss mit dänischem „Anglo Dane"
3.11.14	Nordküste Schottlands	U. 18	Unterseeboot			IV. 35	Durch englisches Patrouillenfahrzeug zum Sinken gebracht.
8.12.14	Falklandsinseln	Scharnhorst	Panzerkreuzer	1906	11600	IV 87÷88	Nach 3 stündigem Gefecht mit engl. Übermacht gesunken
8.12.14	Falklandsinseln	Gneisenau	Panzerkreuzer	1906	11600	IV 87÷88	Nach 5 " " " " " "
8.12.14	Falklandsinseln	Leipzig	Kleiner Kreuzer	1905	3250	IV 87÷88	
9.12.14		Nürnberg	Kleiner Kreuzer	1906	3470	IV 87÷88	
.	Ostsee 55°40' N. 19°57' O.	Friedrich Carl	Panzerkreuzer	1902	9000		
	Daressalam	Möve	Kanonenboot	1906	650	III A 112	Vom engl. Kreuzer Pegasus versenkt
24.I.15	70 km von Helgoland	Blücher	Panzerkreuzer	1908	15800	~~IV 645~~/651	Gesunken im Gefecht mit 5 engl. Panzerkreuzern u. 25 Torpedobootzerstörern gegen 4 Panzerkreuzer und 4 kleinen Kreuzern deutscherseits
4.III.15.	Englischer Kanal (Höhe von Dover)	U 8	Unterseeboot			645/651 III.A.443.	Von 14 engl. Torpedobooten gejagt.
	forts	U 12	Unterseeboot			III.A.457	Durch engl. Zerstörer „Ariel" versenkt (gerammt)
14.III.15.	bei Insel Juan Fernandez Stillen Ocean	Dresden	Kleiner Kreuzer	07	3650	III.A.479 465	~~Durch engl. Zerstörer Ariel versenkt.~~ von Mannschaft verlassen und gesprengt Durch Kent & Glasgow in neutralen Gewässern beschossen,
5.III.15		U. 29.	Unterseeboot			VI.270.- III.A.686	Durch engl. Tankdampfer unter schwedischer Flagge zum Sinken gebracht.
		Meteor	Hilfsminenleger.				
20.8.15	Rigaer Meerbusen	S. 31	Torpedoboot				Auf russische Mine gelaufen.
/23.8.15	Vor Zeebrügge		Vorpostenboot				Durch 2 Zerstörer nach tapferer Gegenwehr zum Sinken gebracht.
.6.1915		U. 14.	Unterseeboot			III.A.677.	Durch engl. Flotte zum Sinken gebracht.
/8÷7/9.15		U 27	Unterseeboot				Nach Meldung des Chefs d.A. im B.T. vom 7.9.15 nicht zurückgekehrt (vorher engl. Kreuzer am 10.8. versenkt)
4.5.15	Ostsee	T 47 (46.?)	Torpedoboot			I.B.422	Auf Mine, mitten durchgebrochen, sofort weg.
29.5.15.	Ostsee	T 51 (52?)	" (Minensucher)			I.B.422	Auf Mine, 1/2 Std. noch geschwommen.
3.10.15	Ostsee (Libau)	Prinz Adalbert	Panzerkreuzer			II.1017	Durch engl. U-Boot torpediert.
7.11.15	Ostsee (südl. Schweden)	Undine	Kleiner Kreuzer			II.1052 II.1204. II.1066.	Durch 2 Torpedoschüsse zum Sinken gebracht.
17.12.15	Ostsee	Bremen	Kleiner Kreuzer			I.B.776.	Durch feindl. U-Boot zum Sinken gebracht
17.12.15.	Ostsee	V. 191.	Torpedoboot			I.B.776	" " " " " "
4.11.14	Atlantic	Karlsruhe	Kleiner Kreuzer				Durch innere Explosion in 2 Teile gesprengt.
8.9.15	Nordsee	G.12.	Torpedoboot				Durch Zusammenstoss mit V.1 u. Torp.-Explos. gesunken
3.16	Nordsee	G 194 (?)	Torpedoboot				Durch engl. Kreuzer Cleopatra gerammt u. zum Sinken gebracht. Kein Mann gerettet.

Datum	Ort	Name	Typ	Baujahr	Deplacement	Band Seite	Bemerkungen
/4.16	Ostküste, England	U. C. 5.	U-boot				Von Englands-Flotte versenkt, Mannschaft gerettet.
VI.16	Horns-Riff-Skagerrak	Pommern	Linienschiff		13200 t		Im Seegefecht gesunken
„	„ „ „	Wiesbaden	Kleiner Kreuzer		4900 t		„ „ „
„	„ „ „	Frauenlob	„ „		2700 t		„ „ „
„		Elbing	„ „		4500 t		Nach Zusammenstoss mit deutsch. Kriegsschiff von Mannschaft gesprengt.
„	Horns-Riff-Skagerrak		Zerstörer		600 t		Im Seegefecht gesunken.
„	„ „ „		„		600 t		„ „ „
„	„ „ „		„		600 t		„ „ „
„	„ „ „		„		600 t		„ „ „
„	„ „ „		„		600 t		„ „ „
.15		U. 7	U-boot				Durch 2 Torpedos z. Sinken gebracht
VI.16	Horns-Riff Skagerrak	Lützow	Schlachtkreuzer				Auf der Fahrt zum Reparaturhafen gesunken
VI.16	Horns-Riff Skagerrak	Rostock	Kleiner Kreuzer		4900 t		„ „ „ „ „ „
		S 77.	Torpedoboot				Auf Mine gelaufen u. gesunken
		Vorpostenboot 18					„ „ „ „ „
4.IX.15	Scilly-Inseln	U. 41	U-boot				Von engl. Dampfer unter amerikanischer Flagge in Grund geschossen.
18/8.15	Ostsee (Riga)	T 58	Minensuchboot				Auf Mine, gesunken.
/VIII.15	Ostsee	V. 99	Torpedoboot				Totalverlust.
XI.16	Jütische Küste	U. 20	U-boot				Nördlich Bovbjerg im Nebel gestrandet, gesprengt.
/4.III.16		S. 22	Torpedoboot			I.B. 1193	Minendetonation, Vorschiff abgesprengt. Besatzung v. Torpedobt. abgeholt.
/3.17.	Schanghai	Tsingtau	Kanonenboot				Von Deutschen gesprengt, im Whangpoo-Fluss gesunken.
/17 /III.17			U-boot				Durch verschärften U-bootskrieg verloren gegangen
„			U-boot				
„			U-boot				
„			U-boot				
„			U-boot				
„			U-boot				

…um	Ort	Name	Typ	Baujahr	Deplacement	Nauticus Band, Seite	
/4.17	Vor Dover	G 85	Torpedoboot			VI.6.3.855	Nicht zurückgekehrt, wahrscheinlich im Gefecht
"	" "	G 42	"			VI.6.3.855	mit engl. Zerst. gesunken.
		S. 20	Torpedoboot				
		U.C. 26	U-boot				Während Tauchen von engl. Zerst. gerammt, gesunken.
.17.	Pas de Calais	U.C. 61	U-boot			VI.6.3.852	Gestrandet, durch Öffnen der Petroleumtank-Ventile und Inbrandsetzen unbrauchbar, Besatzung gerettet
.2.17.	Mittelmeer		Unterseeboot				Nach Vernichtung des "Châteaurenault" zerstört (Kptl. Wendland)
.1.18	Nordsee	A 73	Minensuchboot				Auf Minen gelaufen, gesunken
.1.18	Nordsee	A 77.	Minensuchboot				" " " , "
.1.18	Kanarische Inseln	U. 294	U-boot			VI.c.1.91.	Im Gefecht mit engl. Zerstörer angeblich gesunken,
.1.18	Kanarische Inseln	U. 295	U-boot.			VI.c.1.91.	da Überlebende gerettet.
.3.18	Westlich Ostende		Vorpostenboot			VI.c.1.278	Nicht zurückgekehrt von Unternehmung
.3.18	Westlich Ostende		Vorpostenboot			VI.c.1.278.	Nicht zurückgekehrt " "
.18.		U.C. 39	U-boot.			VI.c.1.482	Durch engl. Zerstörer mit Tiefschuss durch Turm beim Tauchen versenkt

Deutsche Havarieliste

Datum	Ort	Name	Typ	Baujahr	Depl	Näheres Band, Seite	Bemerkungen:
		König Albert	Linienschiff	1912	24700	II A2d6 II A3 1	Bodenbeschädigung, gering!
		König	"			I.A.121. I.B105÷112	Zusammenstoß mit
		Prinz Adalbert	Großer Kreuzer	1901	9000	I.A.2.1.7÷8	Bodenbeschädigung. Beschädigung d. Außenhaut. Rudereinrichtung zerstört. Hintere Steven beschädigt.
5.I.15	Ostsee	Gazelle	Kleiner Kreuzer	1898	2645	II.B.2.11÷12 II.B.2.16÷17	Ruder- und ~~Schrauben~~ Wellenböcke-verlust;
		Augsburg	"	1908	4350	II.B.2.10÷11.	
		Kaiser Friedrich III	Linienschiff	1897	11150		Bodenbeschädigung
		Goeben	Großer Kreuzer	1911	22600	I.B.178÷185	Minenhavarie an 2 Stellen
		U 29	Unterseeboot			II A18c1	Ruderschaftbruch
		U 27	"			II A18c1	Ruderschaftbruch
2.7.15	Ostsee.	Prinz-Adalbert	Großer Kreuzer	1901	9000	I.A.529÷538	
18.7.15	Schwarzes Meer:	Breslau	Kleiner Kreuzer	1911	4550	I.B.2.44÷45	Minenhavarie im Kesselraum
	Nordsee	U.19.	Unterseeboot			I.B.49÷52	Zusammenstoß mit engl. Tpdbtzerst. „Badger"
		Hildebrand	Küstenpanzer	1892 1902	4100		Grundberührung
		Kronprinz	Schlachtschiff			I.A.1.d.3.	Bodenbeschädigung
	Kanal (Kaiser Wilh.)	Derfflinger	Großer Kreuzer			I.A.27.a6.	Propellerbeschädigung
	" "	Seydlitz	"	1912	25000	I.A.27.a.9.	"
		Regensburg	Kleiner Kreuzer			II.A.27.a.7.	Bruch des St. B. Wellenbocks
		Albatros	Minendampfer	1907	2200	I.A.2.d.14	Beschädigung der Aussenhaut durch Havarie m. U.B.9.
2.7.15	Östergarn auf Gotland	Albatros	Minendampfer	1907	2200	I.71÷72. III.A.7 2/8	Infolge Gefechtsbeschädigung mit Russen auf ~~Grund~~ Strand gesetzt.
[illegible].8.15	Rigaer Meerbusen	V.99.	Torpedoboot			I.B.657.	Auf russische Mine gelaufen und auf Strand gesetzt.
[illegible].8.15	Rigaer Meerbusen	S.77.	Torpedoboot				Auf russische Mine gelaufen, in deutschen Hafen überführt
[illegible].5.15	Ostsee	T.49	Torpedoboot			I.B.420 II.B.2.45	Durch Mine schwer beschädigt
[illegible].5.15	Ostsee.	T.54	Torpedoboot			I.B.420 II.B.2.45.	
		S.144	Torpedoboot			I.B.2.51.	Auf Mine gelaufen
8.8.15.		Thetis	Kleiner Kreuzer			II.B.2.	Auf Mine gelaufen
19.8.15	Ostsee.	Moltke	Großer Kreuzer			I.B.568	Torpedotreffer am Bug
5/11.15.	Küste v. Terschelling	U.C.8	Unterseeboot				Havarie, nach Terschelling eingeschleppt, Mannschaft interniert.
17/10.15	Danziger Bucht.	S.149	Torpedoboot			I.B.2.65÷66	Mine am Heck. (Russische)
12.9.15	Nordsee	G.196	Torpedoboot			II.B.2.63÷65	Mine am Heck (Englische)

						Band, Seite	Bemerkungen
/VIII.14.	Ostsee	Frauenlob	Kleiner Kreuzer	1902	2700		Beschädigungen durch Seeschlag
〃		Stettin	〃	1907	3470		〃 〃 〃
〃		Strassburg	〃	1911	4550		〃 〃 〃
〃		Stralsund	〃	1911	4550		〃 〃 〃
/XII.14.		Blücher	Grosser Kreuzer	1908	15800		
〃		Hamburg	Kleiner Kreuzer	1903	3250		
/I.15.		Kolberg	〃 〃	1908	4550		
〃		Derfflinger	Grosser Kreuzer	1913	26600		
/IV.15		Schwarzwald	Hilfsschiff				
V.15.		Kronprinz	Linienschiff	1913	25800		Rohrkrepierer
/VIII.15.		Augsburg	Kl. Kreuzer	1909	4550		
/VIII.15		v. d. Tann	Grosser Kreuzer	1909	19400		
/XII.15.		Esterbrügge	Hilfsschiff				
/XII.15		Glyndwr	〃				
		König	Linienschiff	1913	25800		gerammt K 2227/15
		Kaiser	〃	1911	24700		Schlingerkielbeschädigung
/IV.16		Seydlitz	Grosser Kreuzer	1912	25000		Minenbeschädigung
		U. 70	U-boot				Durch Nautilus gerammt
/X.16.	Nordsee	München	Kleiner Kreuzer	1904	3250	I. B. 1693	Von engl. U-boot torpediert.
		Nautilus					
/XII.15.		U C. 13 (U 23)	U-boot				Im schwarzen Meer gestrandet
/IV.16.		Graudenz	Kleiner Kreuzer	1913	4900	I. B. 5. 28	Minenhavarie
/X.15.		Lübeck	〃	1904	3250	I. B. 983–989	
		V. 74	Torpedoboot			I. B. 2. 89–90	Minenhavarie
/VIII.16	Nordsee	Westfalen	Linienschiff	1908	18900		Durch engl. U-23. torpediert.
/XI.16		Ostfriesland	〃	1909	22800		Minenhavarie
/VIII.16.		U. 63	Unterseeboot				Durch Engländer gerammt.

Datum	Ort	Name	Type	Baujahr	Deplacem.	Näheres Band, Seite	Bemerkungen
IX.16		München	Kl. Kreuzer				Von engl. U-boot torpediert.
VII 16	Lyser Ort	S. 168	Torpedoboot				Minenexplosion
VI.16		Seydlitz	Grosser Kreuzer				Torpedotreffer in Skagerrak-Schlacht.
IV.16		B 97	Torpedoboot				Mine oder S.A. im Kielwasser
VII.16		Boot M 1	Hilfsschiff				Engl. U-Mine
		Augsburg	Kl. Kreuzer				Bodenbeschädigung
/I.17	In den Hoofden		Torpedoboot				Nach Gefecht mit engl. Torpedbt. holl. Hafen Ymuiden angelaufen.
/11.16	Nordsee	Kronprinz	Linienschiff	1913	25800	II.B.2.111÷112	Durch engl. U-boot torpediert.
/11.16	Nordsee	Grosser Kurfürst	Linienschiff	1913	25800	II.B.2.113÷116	Durch engl. U-boot torpediert
/12.16	Wilhelmshaven	Moltke	Grosser Kreuzer	1910	23000	II.B.6.f.3.	Schraubenhavarie bei Hafeneinfahrt
/6.16	~~Ostfriesland~~	Ostfriesland	Linienschiff	1909	22800	II.B.2.126.	Minendetonation
/5.17		Tpdbt. „V1"	Torpedoboot			II.B.2.127.	Minentreffer (Heck)
		Grosser Kurfürst	Linienschiff	1913	25800	II.A.18.a.5.	Vorsteven zerbrochen, Panzerplatten umgebogen.
		Kronprinz	Linienschiff	1913	25800	II.A.7.a.26.	Panzerplatten an der Seite eingedrückt
		U. 48	Unterseeboot				Zusammenstoss bei Unterwasserfahrt.
		U. 52	Unterseeboot				Wegen Havarie (Maschine) Cadix angelaufen, später wieder ausgelaufen
/VI.17	La Coruña	U. B. 23	Unterseeboot				In schwer beschädigtem Zustand eingelaufen, grosser Tiefg. interniert.
20.1.18	Dardanellen	Goeben	Schlachtkreuzer			VI c.1.91.	Auf Grund geraten, 2 Bombentreffer von engl. Fliegern. losgekommen.
21.8.17		Tpdbt. S.15	Torpedoboot			II.B.2.154	Minentreffer, Abt. 1 ganz fortgerissen.
4/9/17		Tpdbt. A.45	Torpedoboot			II.B.2.155.	Netzminentreffer, Mittelschiff beschädigt.
/10.17		Tpdbt. T.85	Torpedoboot			II.B.2.157.	Starke Faltenbildungen des Schiffskörpers, Mine
27/9.17		U. 70	Unterseeboot			II.B.2.158	Hintersteven 3fach gebrochen, Minentreffer
/9.17		A. 39.	Tpdbt.			II.B.2.159	Hinterschiff eingebeult, Fliegerbombe
21/10.17		S. 33.	Torpedoboot			II.B.2.160	Heck bis Sp. 16 nach 1/2 Stunde Schlingern abgebrochen, Mi[illegible]
12/10.17	Tagga Bucht (Ösel)	Grosser Kurfürst	Linienschiff.			II.B.2.161.	Aussenhaut z. Teil zerstört, Minentreffer
29/10.17	Pissenleuchtturm (Ösel)	Markgraf	Linienschiff			II.B.2.164	Aussenhaut usw. beschädigt., Minentreffer
12/10.17	Ösel	Bayern	Linienschiff			II.B.2.164.	Aussenhaut usw. beschädigt, M[illegible]

Datum	Ort	Name	Typ	Baujahr	Deplacement	näheres, Band, Seite	Bemerkungen:
/10.17	Kassar Wik	B 111	Torpedoboot			I.B.2.165	Minentreffer, Vorschiff bis Sp. 139 abgerissen.
/8.17.	Ostender Hafenbecken	A. 13	Torpedoboot			II.B.2.166.	Bombentreffer. Nach Treffer im Hafen gesunken.
/10.17.	Kassar Wik	B. 98	Torpedoboot			II.B.2.167	Minentreffer. Vorschiff bis Sp. 150 abgerissen.
/8.17.		A. 42.	Torpedoboot			II.B.2.147÷147	Minentreffer.
/4.16	Nordsee	Seydlitz	Schlachtkreuzer			I.B.2.132÷135	Minentreffer, Aussenhaut im Bereiche [illegible] zerstört usw.
/6.17.		U.C. 70.	Unterseeboot			II.B.2.138÷139	Fliegerbombe
/6.17.	Brügge	S. 54	Torpedoboot			I.B.2.139÷140	Fliegerangriff, Falten im Schiffsboden.
		U. 22.	Unterseeboot.			I.B.2.141÷142	Minentreffer, Heck bei Sp. 12 abgerissen
/8.17.		V. 67	Torpedoboot			I.B.2.144-146	Engl. Netzmine.
/7.17.		S. 53	Torpedoboot			I.B.2.146÷147	Fliegerbombe, Oberdeck aufgerissen.
/8.17.		V. 81.	Torpedoboot			I.B.2.149÷150	Minentreffer, Aussenhaut durchschlagen
/8.17.		A. 47	Torpedoboot			II.B.2.150÷151	Minentreffer, Hinterschiff bis Sp. 15 zerstört
/8.17.		A. 46	Torpedoboot			II.B.2.151÷152	Netzmine, Hinterschiff bis Sp. 13 zerstört.
/III.18		U. 48	Unterseeboot			II.C.1.290.	Infolge Seeschadens in Ferrol interniert.
/IV.18	Lagskär in d. Alandsee	Rheinland	Linienschiff				Auf Grund geraten.
/4.18.	Middelfahrt		Unterseeboot			II.C.1.359	Fest gekommen
/X.17		Indianola	Hilfsschiff			II.B.2.168.	Torpedotreffer.
/11.17	Flandrische Gewässer	Tpdbt. S. 54	Torpedoboot			II.B.2.167.	Minentreffer
/12.17.	Oesel	V 4 (Saturn)	Vorpostenboot			I.B.2.167	Minenhavarie
/12.18	Nordsee	Stralsund	Kleiner Kreuzer			II.A.27.d.41	Minenexplosion